Das Zahlenbuch 3

Förderheft Inklusion

Herausgeber:
Marcus Nührenbörger und Ralph Schwarzkopf

Autoren:
Uta Häsel-Weide, Marcus Nührenbörger

Ernst Klett Verlag
Stuttgart · Leipzig · Dortmund

Inhalt

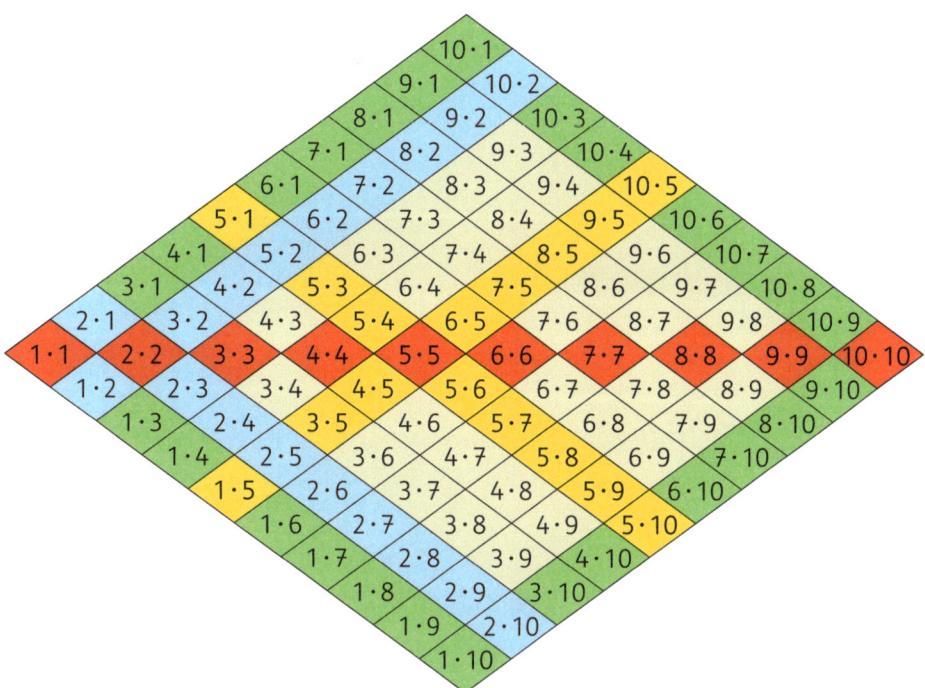

1 Finde die Aufgaben an der Einmaleins-Tafel. Male und rechne.

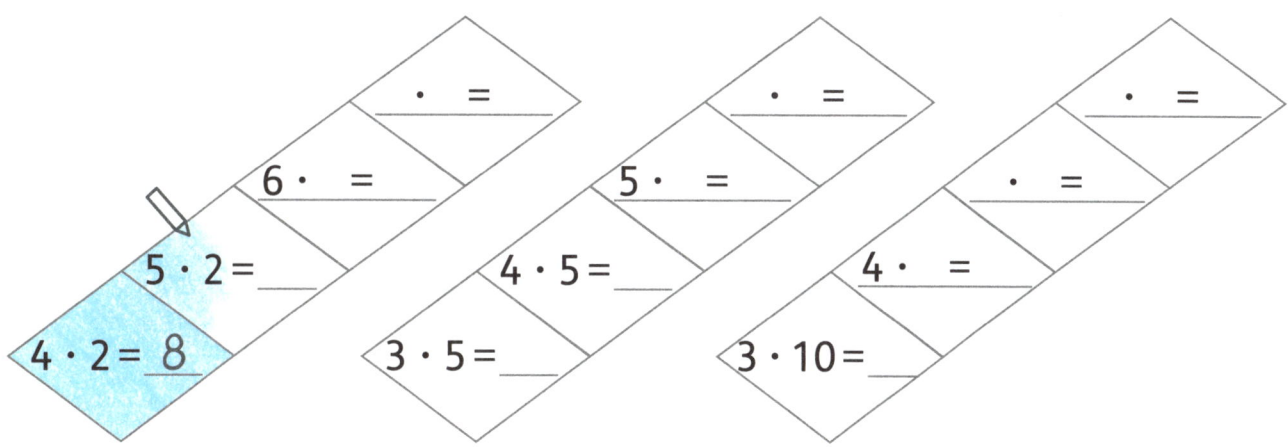

2 Finde die Aufgaben an der Einmaleins-Tafel. Male und rechne.

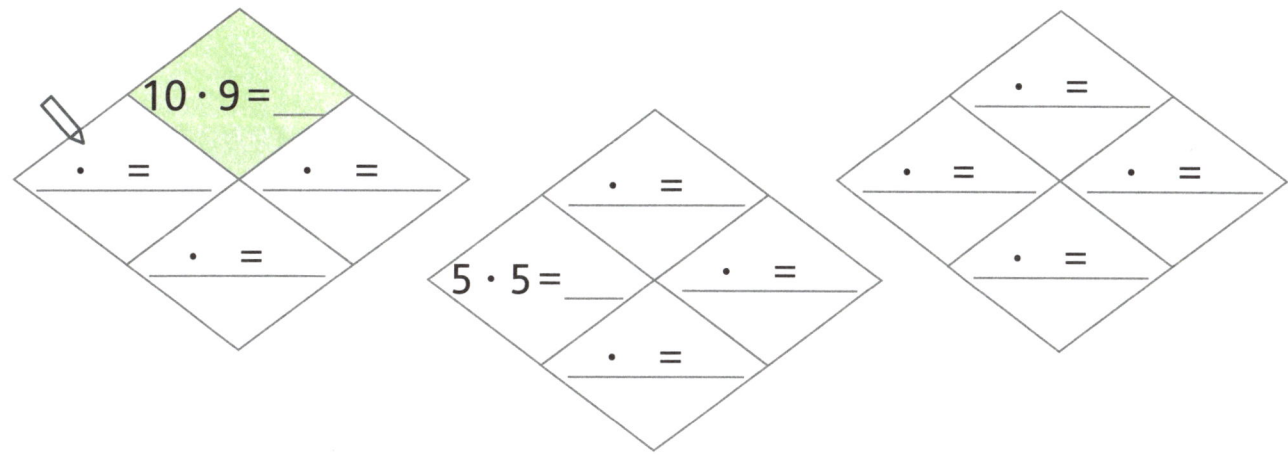

1, 2 Aufgaben an der Einmaleins-Tafel finden, farblich markieren und berechnen.

→ Schulbuch, Seiten 6/7

3

Rechenwege bei der Multiplikation

1 Rechne mit Nachbaraufgaben.

5 · 2 = ___
6 · 2 = ___

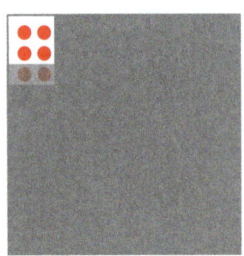

2 · 2 = ___
3 · 2 = ___

2 · 5 = ___
___ · 5 = ___

5 · 5 = ___
___ · 5 = ___

3 · 3 = ___
___ · 3 = ___

5 · 3 = ___
___ · 3 = ___

2 · 4 = ___
___ · 4 = ___

5 · 4 = ___
___ · 4 = ___

2 Zeichne am Rechenstrich.

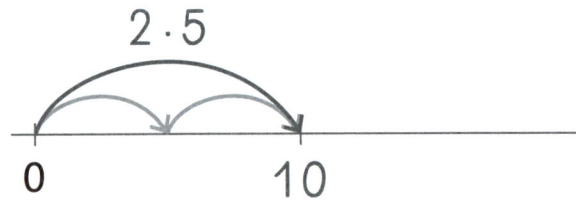

2 · 5 = ___

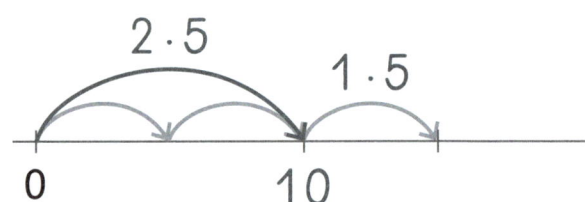

3 · 5 = ___

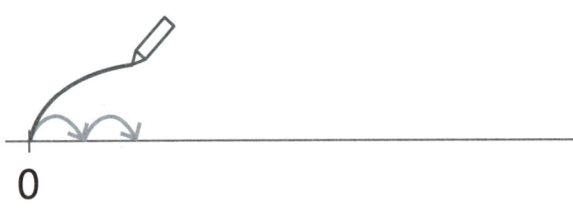

5 · 2 = ___

6 · 2 = ___

4

1 Nachbaraufgaben am Punktefeld finden und rechnen.   **2** Malaufgaben am Rechenstrich rechnen.

→ Schulbuch, Seiten 8/9

Rechenwege bei der Division

1 Aufgabe und Umkehraufgabe. Rechne.

Wie viele Fünfer?

10 : 5 = __2__   15 : 5 = ____   20 : 5 = ____   25 : 5 = ____

__2__ · 5 = 10   ____ · 5 = 15   ____ · 5 = 20   ____ · 5 = 25

Wie viele Vierer?

24 : 4 = ____   20 : 4 = ____   16 : 4 = ____   12 : 4 = ____

____ · 4 =   ____ · 4 =   ____ · 4 =   ____ · 4 =

2 Zeige mit dem Winkel am Punktefeld.

✉ Finde und rechne zuerst die Umkehraufgabe.

Wie viele Zehner?

40 : 10 = __4__   20 : 10 = ____

__4__ · 10 = 40   ____ · ____ = ____

30 : 10 = ____   10 : 10 = ____

____ · ____ = ____   ____ · ____ = ____

100 : 10 = ____   50 : 10 = ____

____ · ____ = ____   ____ · ____ = ____

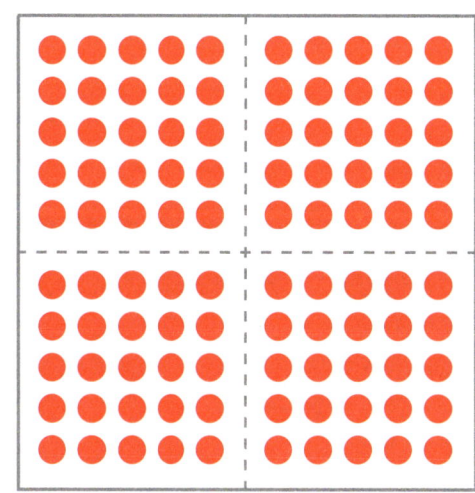

1 Geteiltaufgaben und deren Umkehraufgaben am Punktefeld finden und rechnen. **2** Geteiltaufgaben lösen. Umkehr-
aufgaben finden und berechnen.
→ Schulbuch, Seiten 10/11

5

Rechenwege bei der Division

1 Aufgabe und Umkehraufgabe. Rechne.

Wie viele Fünfer?

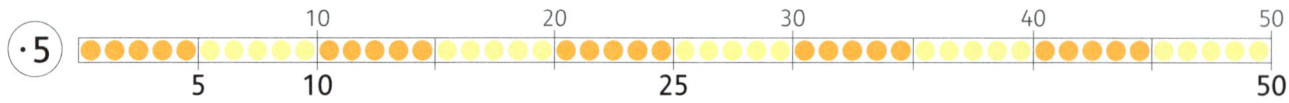

$2 \cdot 5 = \underline{10}$ $5 \cdot 5 = \underline{\hphantom{00}}$ $1 \cdot 5 = \underline{\hphantom{00}}$ $10 \cdot 5 = \underline{\hphantom{00}}$

$\underline{10} : \underline{5} = \underline{\hphantom{0}2}$ $\underline{\hphantom{00}} : \underline{\hphantom{00}} = \underline{\hphantom{00}}$ $\underline{\hphantom{00}} : \underline{\hphantom{00}} = \underline{\hphantom{00}}$ $\underline{\hphantom{00}} : \underline{\hphantom{00}} = \underline{\hphantom{00}}$

Wie viele Zweier?

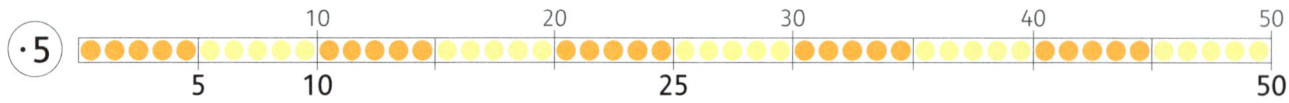

$2 \cdot 2 = \underline{\hphantom{0}4}$ $5 \cdot 2 = \underline{\hphantom{00}}$ $1 \cdot 2 = \underline{\hphantom{00}}$ $10 \cdot 2 = \underline{\hphantom{00}}$

$\underline{\hphantom{0}4} : \underline{2} = \underline{2}$ $\underline{\hphantom{00}} : \underline{\hphantom{00}} = \underline{\hphantom{00}}$ $\underline{\hphantom{00}} : \underline{\hphantom{00}} = \underline{\hphantom{00}}$ $\underline{\hphantom{00}} : \underline{\hphantom{00}} = \underline{\hphantom{00}}$

2 Finde passende Mal- und Geteiltaufgaben zum Rechenstrich.

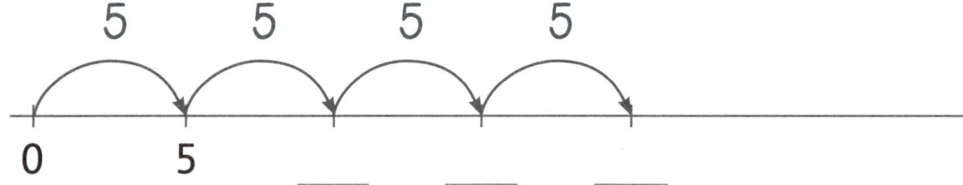

$4 \cdot 5 = \underline{\hphantom{000}}$

$20 : 5 = \underline{\hphantom{000}}$

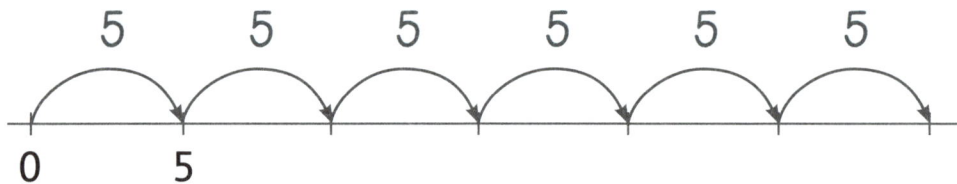

$\underline{\hphantom{00}} \cdot \underline{\hphantom{00}} = \underline{\hphantom{00}}$

$\underline{\hphantom{00}} : \underline{\hphantom{00}} = \underline{\hphantom{00}}$

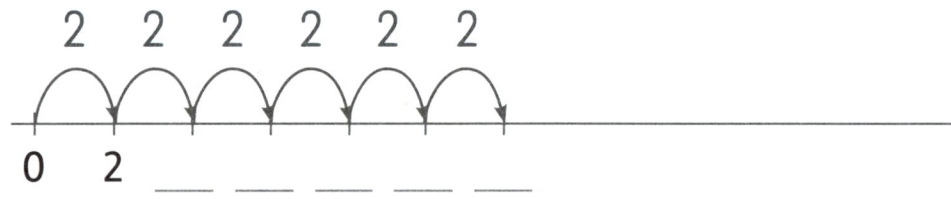

$\underline{\hphantom{00}} \cdot \underline{\hphantom{00}} = \underline{\hphantom{00}}$

$\underline{\hphantom{00}} : \underline{\hphantom{00}} = \underline{\hphantom{00}}$

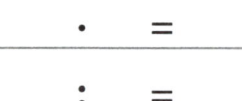 **1** Geteiltaufgaben und deren Umkehraufgaben an den Malreihen finden und rechnen.   **2** Geteiltaufgaben lösen. Umkehraufgaben finden und berechnen.
→ Schulbuch, Seiten 10/11

Addieren: Einfache Plusaufgaben

1 Rechne mit Zehnern. Vergleiche.

10 + 12 = ____   20 + 12 = ____   10 + 34 = ____   20 + 34 = ____

2 Rechne mit Einern. Vergleiche.

18 + 2 = ____   18 + 3 = ____   25 + 5 = ____   25 + 6 = ____

3 Schöne Päckchen. Rechne, beschreibe und erkläre.

Wörter zum Beschreiben:

die 1. Zahl	das Ergebnis	dazulegen	größer, kleiner, gleich
die 2. Zahl	Zehner, Einer	zusammen	Wenn ..., dann ...

20 + 10 = 30   7 + 30 = ____
20 + 20 =   7 + 20 = ____
20 + 30 =   7 + 10 = ____
+0   +10

10 + 10 =   21 + 9 = ____
11 + 9 =   22 + 10 = ____
12 + 8 =   23 + 11 = ____
+1   −1

4 Schöne Päckchen. Setze fort. Vergleiche.

33 + 1 = ____	33 + 10 = ____	18 + 2 = ____	18 + 20 = ____
33 + 2 = ____	33 + 20 = ____	18 + 3 = ____	18 + 30 = ____
33 + 3 = ____	33 + 30 = ____	18 + 4 = ____	18 + 40 = ____
33 + 4 = ____	___ + ___ = ___	___ + ___ = ___	___ + ___ = ___

1, 2 Einfache Plusaufgaben rechnen und vergleichen   3, 4 Schöne Päckchen untersuchen. Dekadische Veränderungen beschreiben und fortsetzen.

→ Schulbuch, Seiten 14/15

7

Rechenwege bei der Addition

1   **Zehner und Einer extra**. Zeichne und rechne.

$25 + 15 =$ $30 + 10 = 40$

$20 + 10$

$5 + 5$

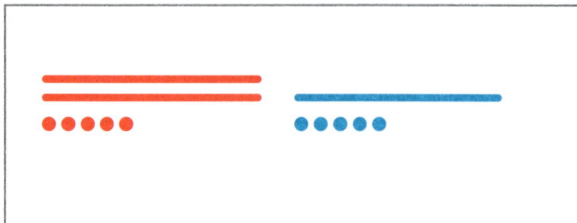

$18 + 11 =$

$10 +$

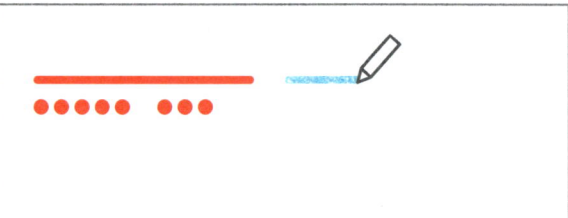

$31 + 12 =$

$16 + 24 =$

2   **Zehner und Einer extra**. Rechne und vergleiche.

$12 + 15 =$ $22 + 15 =$

$10 + 10$ $20 +$

$2 + 5$

$16 + 16 =$ $26 + 16 =$

1 Additionsaufgaben in Zahlbildern darstellen.   **2** Additionsaufgaben mit dem Rechenweg „Zehner und Einer extra" lösen. Zusammenhänge erkennen und beschreiben.
→ Schulbuch, Seiten 16/17

Rechenwege bei der Addition

1 **In Schritten vorwärts.** Rechne am Rechenstrich.

15 + 14

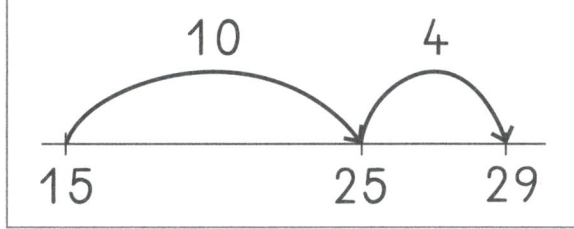

$$15 + 14 = 29$$
$$15 + 10 = 25$$
$$25 + \quad 4 = 29$$

18 + 23

$$18 + 23 =$$
$$18 +$$

35 + 11

$$35 + 11 =$$

24 + 16

$$24 + 16 =$$

2 **Hilfsaufgabe.** Rechne am Rechenstrich.

25 + 9 = ____

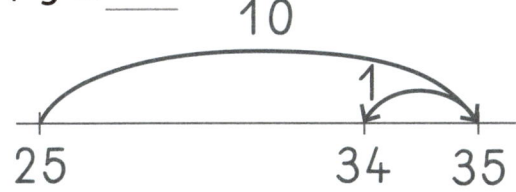

14 + 19 = ____

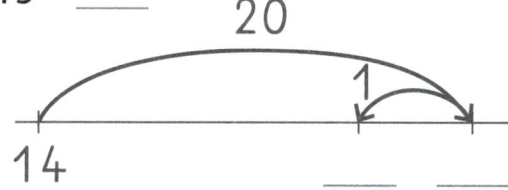

27 + 9 = ____

24 + 19 = ____

1, 2 Additionsaufgaben mit den Rechenwegen „in Schritten vorwärts" und „Hilfsaufgabe" lösen. Subtraktion am Rechenstrich darstellen (KV zu den Rechenwegen nutzen).
→ Schulbuch, Seiten 16/17

9

Subtrahieren: Einfache Minusaufgaben

Wörter zum Beschreiben:

die 1. Zahl	das Ergebnis	wegnehmen	Wenn ..., dann ...
die 2. Zahl	Zehner, Einer	größer, kleiner, gleich	

1 Rechne mit Zehnern. Vergleiche. Beschreibe.

43 − 10 = ____   43 − 20 = ____   43 − 30 = ____   43 − 40 = ____

2 Rechne mit Einern. Vergleiche. Beschreibe.

32 − 2 = ____   32 − 3 = ____   32 − 4 = ____   32 − 5 = ____

3 Schöne Päckchen. Rechne, beschreibe und erkläre.

18 − 1 = 17   23 − 1 = ____   80 − 10 = ____   54 − 20 = ____
18 − 2 = ____   23 − 2 = ____   80 − 20 = ____   54 − 30 = ____
18 − 3 = ____   23 − 3 = ____   80 − 30 = ____   54 − 40 = ____

+0   +1   +0   +10

4 Schöne Päckchen. Setze fort. Vergleiche.

44 − 1 = ____	44 − 10 = ____
44 − 2 = ____	44 − 20 = ____
44 − 3 = ____	44 − 30 = ____
44 − 4 = ____	___ − ___ =

60 − 10 = ____	60 − 1 = ____
60 − 20 = ____	60 − 2 = ____
60 − 30 = ____	60 − 3 = ____
___ − ___ =	___ − ___ =

1–4 Subtraktionsaufgaben um 1 oder um 10 verändern. Veränderungen beschreiben. Fachbegriffe benutzen. Nonverbale Darstellungsmittel wie farbige Markierungen oder Pfeile zum Beschreiben und Erklären benutzen. **4** Schöne Päckchen untersuchen. Dekadische Veränderung erkennen und fortsetzen. Unterschiede erkennen und beschreiben.

→ Schulbuch, Seiten 18/19

Rechenwege bei der Subtraktion

1 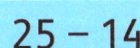 **Zehner und Einer extra.** Zeichne und rechne.

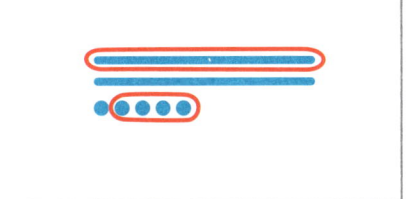

$$25 - 14 = 10 + 1 = 11$$
$$20 - 10$$
$$5 - 4$$

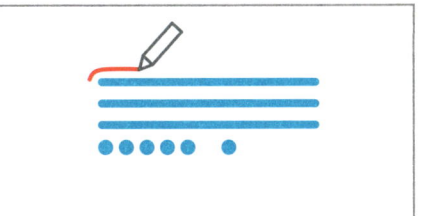

$$36 - 21 =$$
$$30 -$$
$$-$$

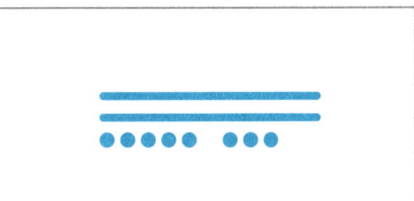

$$28 - 16 =$$
$$-$$
$$-$$

2 **Zehner und Einer extra.** Rechne und vergleiche.

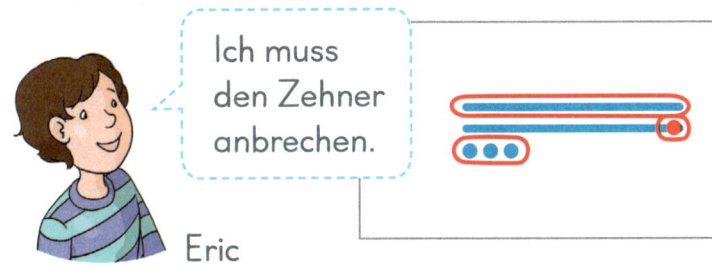

Ich muss den Zehner anbrechen.

Eric

$$23 - 14 = 10 - 1 = 9$$
$$20 - 10$$
$$3 - 4$$

$$33 - 15 =$$
$$30 -$$
$$-$$

$$52 - 14 =$$
$$-$$
$$-$$

1, 2 Subtraktionsaufgaben mit dem Rechenweg „Zehner und Einer extra" lösen. Subtraktion an Zahlbildern darstellen, ggf. Zehner entbündeln.
→ Schulbuch, Seiten 20/21

11

Rechenwege bei der Subtraktion

1 **In Schritten zurück.** Rechne am Rechenstrich.

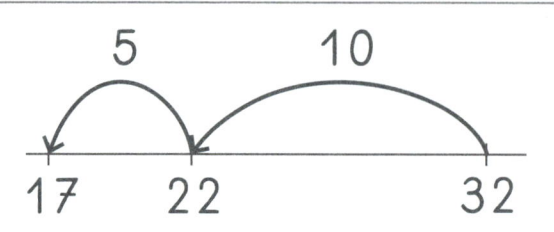

32 – 15

32 – 15 =
_____

32 – _____

_____

38 – 17

38 – 17 =
_____

38 – _____

_____

41 – 13

41 – 13 =
_____

_____

_____

30 – 16

30 – 16 =
_____

_____

_____

2 **Hilfsaufgabe.** Rechne am Rechenstrich.

25 – 9 = ____

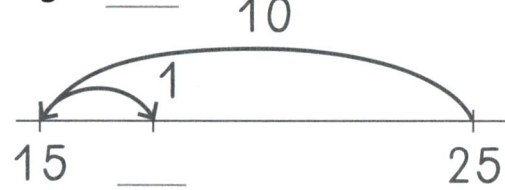

34 – 19 = ____

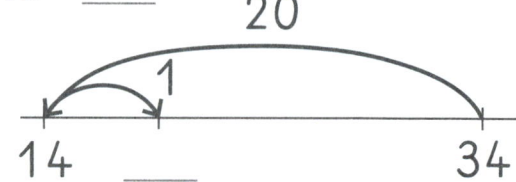

42 – 9 = ____

54 – 19 = ____

_____

1, 2 Subtraktionsaufgaben mit den Rechenstrategien „in Schritten zurück" und „Hilfsaufgabe" lösen. Subtraktion am Rechenstrich darstellen.

→ Schulbuch, Seiten 20/21

Forschen und Finden: Zahlenraupen

Immer + 2 | 3 | 5 | 7 | 15

Mittelzahl   Zielzahl

$3 + 5 + 7 = 15$

3 5 7

1 Wie heißt die Zielzahl?

Immer + 2 | 2 | 4 | 6 | 12

Immer + 2 | 3 | 5 | 7 |

Immer + 2 | 4 | 6 | 8 |

2 Finde die passenden Zahlenraupen.

Immer + 1 | 4 | 5 | 6 |

Immer + 1 | __ | 4 | __ |

Immer + 1 | __ | 3 | __ |

3 Finde passende Zahlenraupen. Was fällt dir auf?

Immer + 2 | 3 | 5 | 7 |

Immer + 1 | __ | 5 | __ |

Immer + 3 | __ | 5 | __ |

Übungsformat Zahlenraupen wiederholen und erweitern. Die Summe der Raupenzahlen stellt die Zielzahl dar. **1** Raupen-summe berechnen. **2** Raupen finden mit vorgegebener Mittelzahl und Abstand 1. **3** Raupen finden mit Mittelzahl 5.

→ Schulbuch, Seite 22

Rückblick

1 Einfache Aufgaben.

21 + 10 = ___	44 + 20 = ___	37 − 10 = ___	85 − 50 = ___
21 + 20 = ___	44 + 50 = ___	37 − 30 = ___	85 − 30 = ___

2 Schöne Päckchen. Rechne. Setze fort.

11 + 4 = ___	19 + 11 = ___	27 − 10 = ___	44 − 10 = ___
11 + 14 = ___	20 + 10 = ___	27 − 9 = ___	44 − 20 = ___
___ + ___ = ___	___ + ___ = ___	___ − ___ = ___	___ − ___ = ___

3 **Hilfsaufgabe, Zehner und Einer extra** oder **in Schritten vorwärts**. Rechne.

33 + 19 =

17 + 18 =

51 + 18 =

4 Rechne und setze fort.

mit 2	mit 5	mit 10	Quadrat
4 · 2 = ___	4 · 5 = ___	6 · 10 = ___	6 · 6 = ___
5 · 2 = ___	5 · 5 = ___	7 · 10 = ___	5 · 5 = ___
___ · ___ = ___	___ · ___ = ___	___ · ___ = ___	___ · ___ = ___

5 Rechne Aufgabe und Umkehraufgabe.

30 : 5 = _6_	20 : 10 = ___	25 : 5 = ___	12 : 3 = ___
_6_ · _5_ = _30_	___ · ___ = ___	___ · ___ = ___	___ · ___ = ___

Wesentliche Inhalte des Kapitels noch einmal reflektieren, die eigenen Kompetenzen einschätzen.
→ Schulbuch, Seite 23

Mit Geld rechnen

1 Wie viel Euro? Wie viel Cent?

2€ 1€	___ €	20 10 5	___ ct
10 2€	___ €	50 10 2	___ ct
2€ 50	___ € ___ ct	1€ 20	___ € ___ ct
5 10 1	___ € ___ ct	2€ 20 2	___ € ___ ct

2 Verbinde.

4 €

4 ct

4 € 6 ct

4 € 60 ct

64 ct

---

1 Geldbeträge zusammenrechnen und getrennt nach Euro und Cent notieren. **2** Geldbeträge zuordnen.

→ Schulbuch, Seiten 24/25

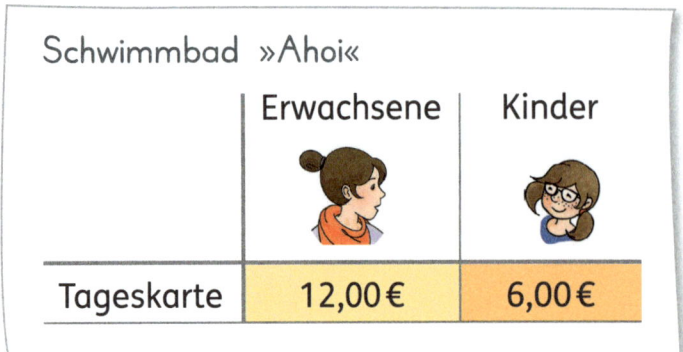

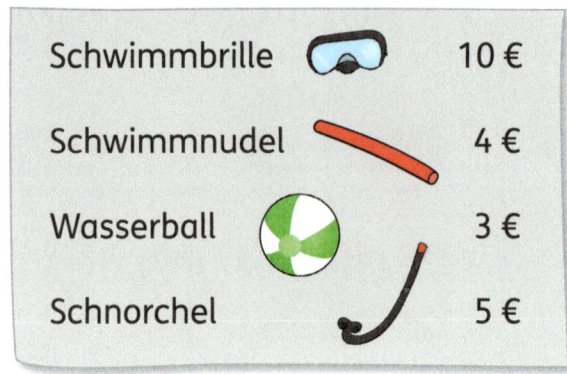

1 Wie viel kostet der Eintritt?

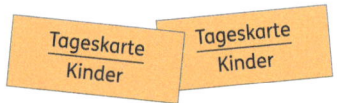

6 € + 6 € = _____

_____

12 € + 6 € = _____

_____

2 Wie viel Rückgeld?

Familie König kauft:

Sie gibt:

Sie bekommt zurück:

Ina kauft:

Sie gibt:

Sie bekommt zurück:

Eric kauft:

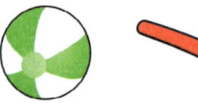

Er gibt:

Er bekommt zurück:

1 Preistabellen betrachten und besprechen. Preise ggf. mit Rechengeld nachlegen. **2** Rückgeld zeichnen oder aufschreiben; ggf. auch Rechnung notieren.

→ Schulbuch, Seiten 26/27

Würfelgebäude

1 Baupläne zeichnen. Wer hat welchen Plan gezeichnet? Verbinde.

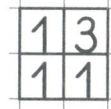

2 Zeichne die Baupläne.

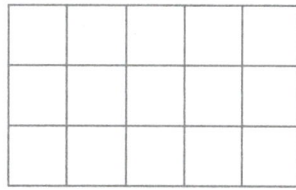

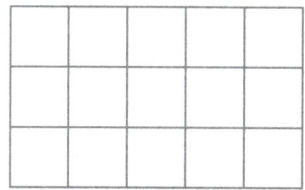

1 Baupläne den Würfelgebäuden zuordnen. Ggf. Würfelgebäude nachbauen.   **2** Baupläne aus unterschiedlichen Perspektiven zeichnen.

→ Schulbuch, Seiten 28/29

 17

Zählen, Bündeln und Schätzen

Es sind 12 Zehner und 4 Einer.

Noah

Lilly

10 Zehner sind ein Hunderter. Es sind also 1 Hunderter, 2 Zehner und 4 Einer.

10 Zehner sind 1 Hunderter.   1 Hunderter = 100

1 Wie viele?

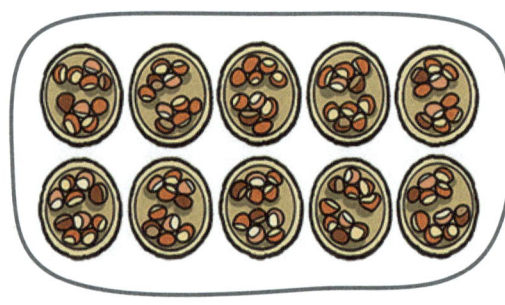 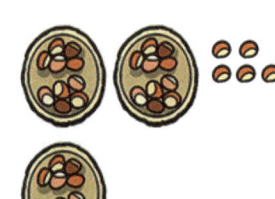

100
30
5

+   +   = 135

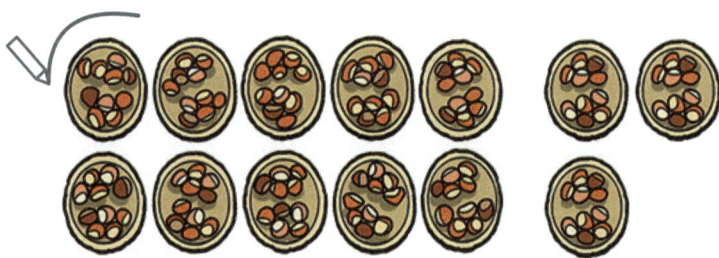

+   +   =

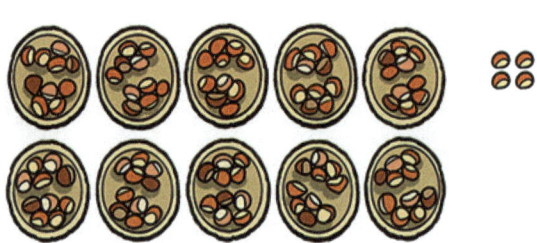

+   +   =

1 Anzahlen aus vorstrukturierter Darstellung mit der Einheit Hunderter bündeln (10 Zehner = 1 Hunderter), stellengerechte Zahlzerlegung schreiben und addieren.
→ Schulbuch, Seiten 30/31

Zählen, Bündeln und Schätzen

1 Wie viele Hunderter, Zehner und Einer?

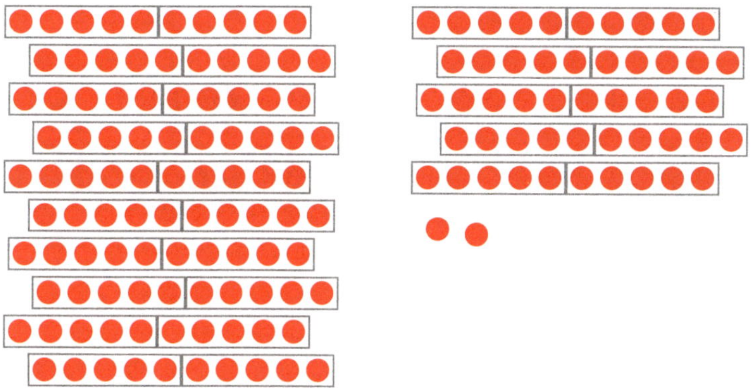

```
□
 □
  □
```
+   +   =

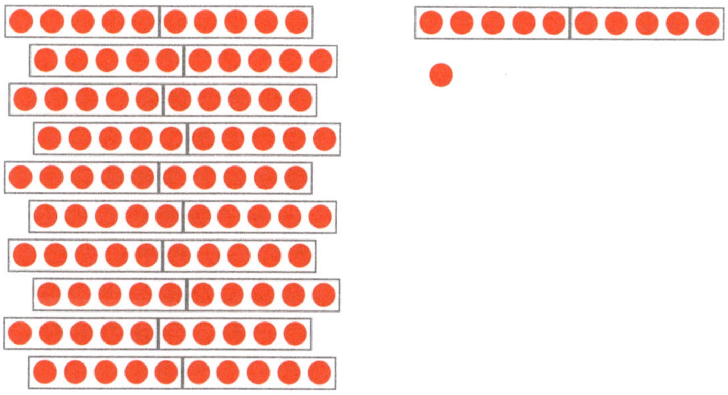

```
 □
  □
   □
```
+   +   =

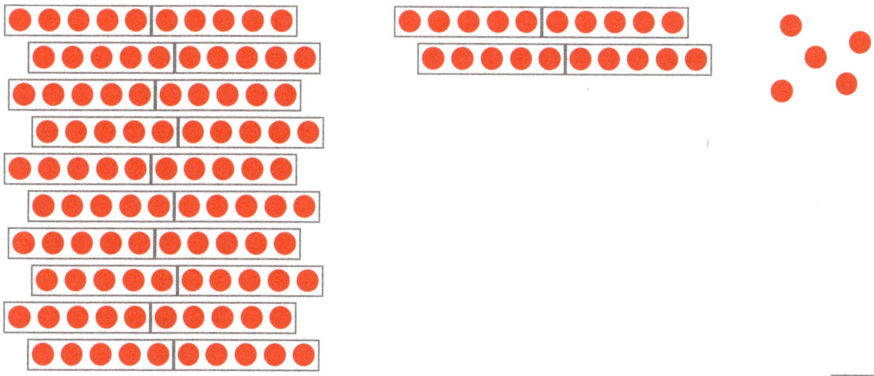

```
□
 □
  □
```
+   +   =

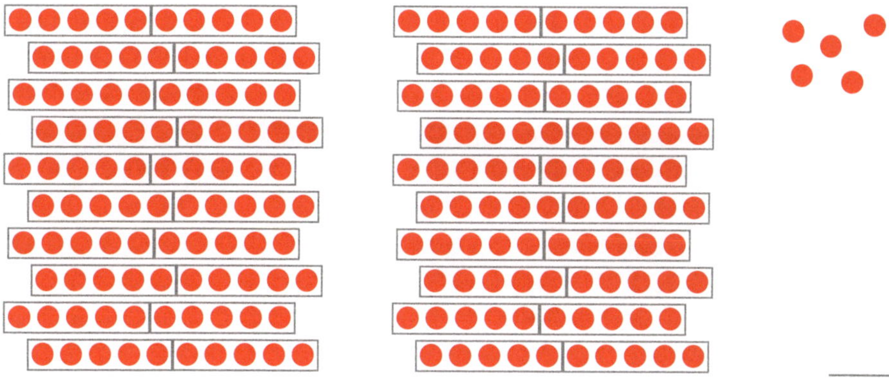

```
□
 □
```
+   +   =

1 Zahlen mit Zehnerstreifen und Einerplättchen darstellen, Zehnerbündelungen herausstellen: 10 Einer sind 1 Zehner,
10 Zehner sind 1 Hunderter. Zahlenkarten beschriften, Zerlegungsaufgabe notieren.
→ Schulbuch, Seiten 30/31

19

1 Lege. Wie heißen die Zahlen?

<u>1</u> **H**underter	100
<u>2</u> **Z**ehner	20
<u>5</u> **E**iner	5
	125

___ **H**underter

___ **Z**ehner

___ **E**iner

___ **H**underter

___ **Z**ehner

___ **E**iner

___ **H**underter

___ **Z**ehner

___ **E**iner

___ **H**underter

1 Anzahlen nachlegen und bestimmen. Stellenwerte ergänzen und Zahlenkarten beschriften (Zahlen mit Nullen in den Stellenwerten besprechen).
→ Schulbuch, Seiten 32/33

1 Zahlbilder. Schreibe die Aufgabe und die Zahlen.

100 + 40 + 3 = _____   _____

_____   _____

   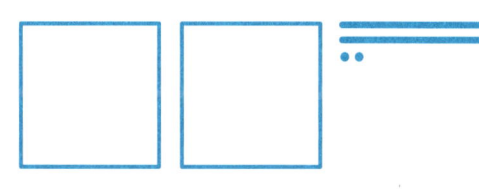

_____   _____

2 Viele Hunderter. Wie heißen die Zahlen?

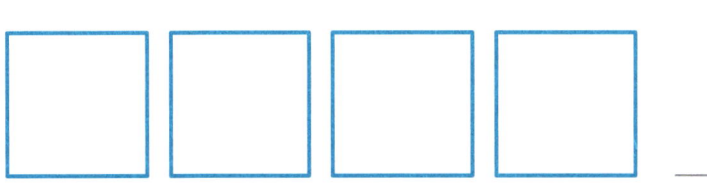

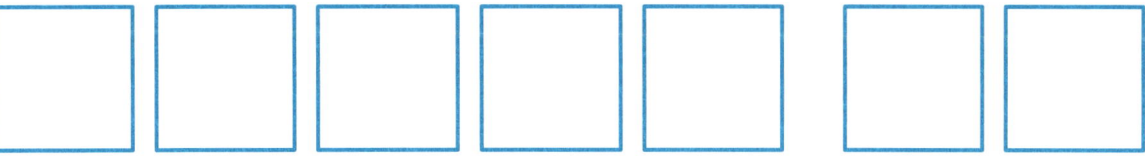

1 Gesamtzahlen anhand von Zahlbildern ablesen und berechnen.   **2** Zahlen anhand von Zahlbildern ablesen und schreiben.
→ Schulbuch, Seiten 32/33

21

Die Stellentafel

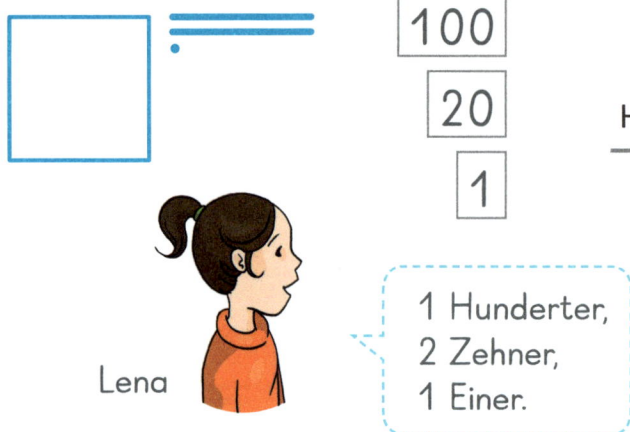

	100		H	Z	E	
	20		Hunderter	Zehner	Einer	
	1		1	2	1	121

Lena

1 Hunderter,
2 Zehner,
1 Einer.

1 Schreibe die Zahlen in die Stellentafel.

	200		H	Z	E	
	5		2	0	5	205

		H	Z	E	
		1	2	3	____

		H	Z	E	
					____

		H	Z	E	
					____

		H	Z	E	
					____

1 Zahlen aus Zahlbildern ablesen und in Stellentafel eintragen.
→ Schulbuch, Seiten 34/35

Die Stellentafel

1 Zeichne die Zahlbilder.

H	Z	E
1	0	5

H	Z	E
	1	5

H	Z	E
2	2	2

H	Z	E
2	4	6

2 Schreibe die Zahlen.

200 + 20 + 5   H | Z | E   ____

200 + 7   H | Z | E   ____

200 + 6 + 30   H | Z | E   ____

60 + 7   H | Z | E   ____

7 + 40 + 200   H | Z | E   ____

1 + 100   H | Z | E   ____

1 Zahlen aus Stellentafel in Zahlbilder übertragen. **2** Ergebnisse von Additionsaufgaben in Stellentafel eintragen, Position der Null beachten.

→ Schulbuch, Seiten 34/35

23

Das Punktefeld

1 Zeichne die Zahlbilder. Schreibe die Zahl.

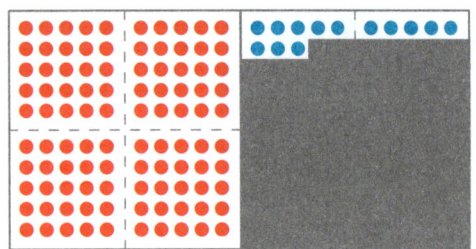 

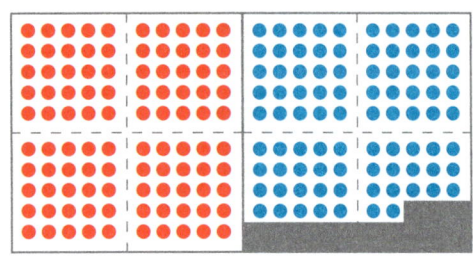 

2 Schreibe die Zahlen in die Stellentafel und zerlege:

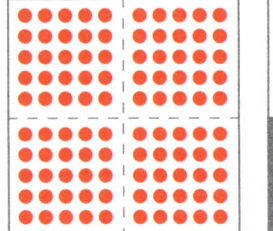 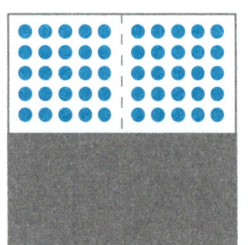

H	Z	E
1	5	0

$$150 = 100 + 50$$

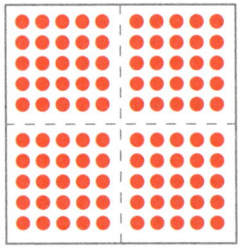 

H	Z	E

_____

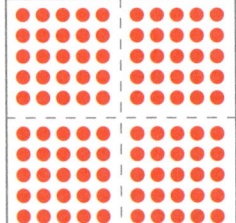 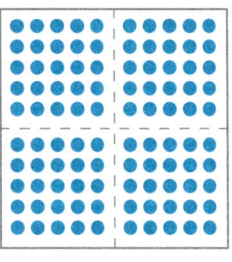 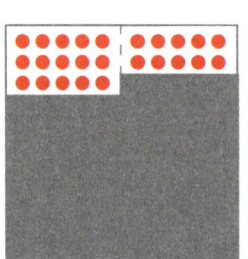

H	Z	E

_____

1 Ablesen der Zahlen und Übersetzen der Zahlen in Zahlbilder. **2** Zahlen ablesen und in Stellentafel eintragen. Zerlegung der Zahlen in Hunderter, Zehner und Einer.

→ Schulbuch, Seiten 36/37

Das Punktefeld

1 Wie heißen die Zahlen? Ergänze und vergleiche.

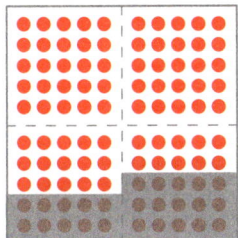

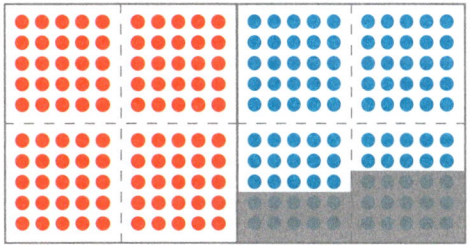

$$\underline{75} + \underline{25} = 100$$

$$\underline{} + \underline{} = 200$$

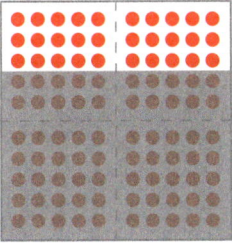

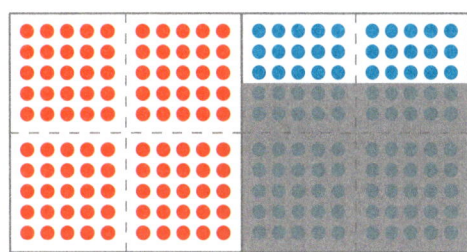

$$\underline{} + \underline{} = 100$$

$$\underline{} + \underline{} = 200$$

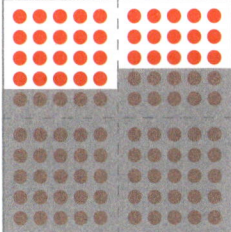

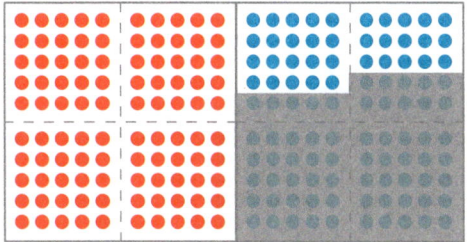

$$\underline{} + \underline{} = 100$$

$$\underline{} + \underline{} = 200$$

2 Ergänze.

Immer 100.	Immer 200.	Immer 250.
$75 + \underline{} = 100$	$150 + \underline{} = 200$	$200 + \underline{} = 250$
$80 + \underline{} = 100$	$140 + \underline{} = 200$	$210 + \underline{} = 250$
$85 + \underline{} = 100$	$130 + \underline{} = 200$	$220 + \underline{} = 250$
$90 + \underline{} = 100$	$120 + \underline{} = 200$	$230 + \underline{} = 250$

1 Ablesen von Zahlen. Bestimmen der verdeckten Anzahlen (Hunderterergänzung). Analogien zwischen dem Ergänzen auf 100 und auf 200 erkennen und nutzen. **2** Ergänzen auf 100, 200 und 250.

→ Schulbuch, Seiten 36/37

25

Der Zahlenstrahl

1 Welche Zahlen? Trage ein.

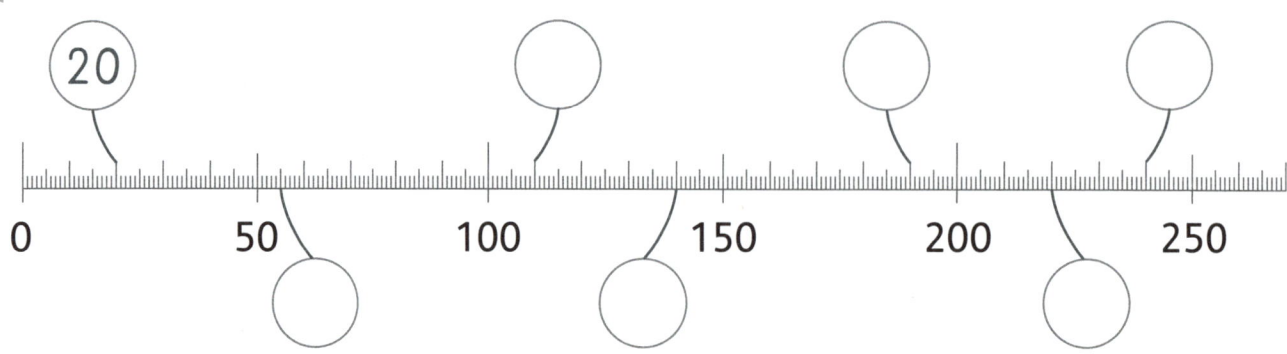

2 Verbinde.

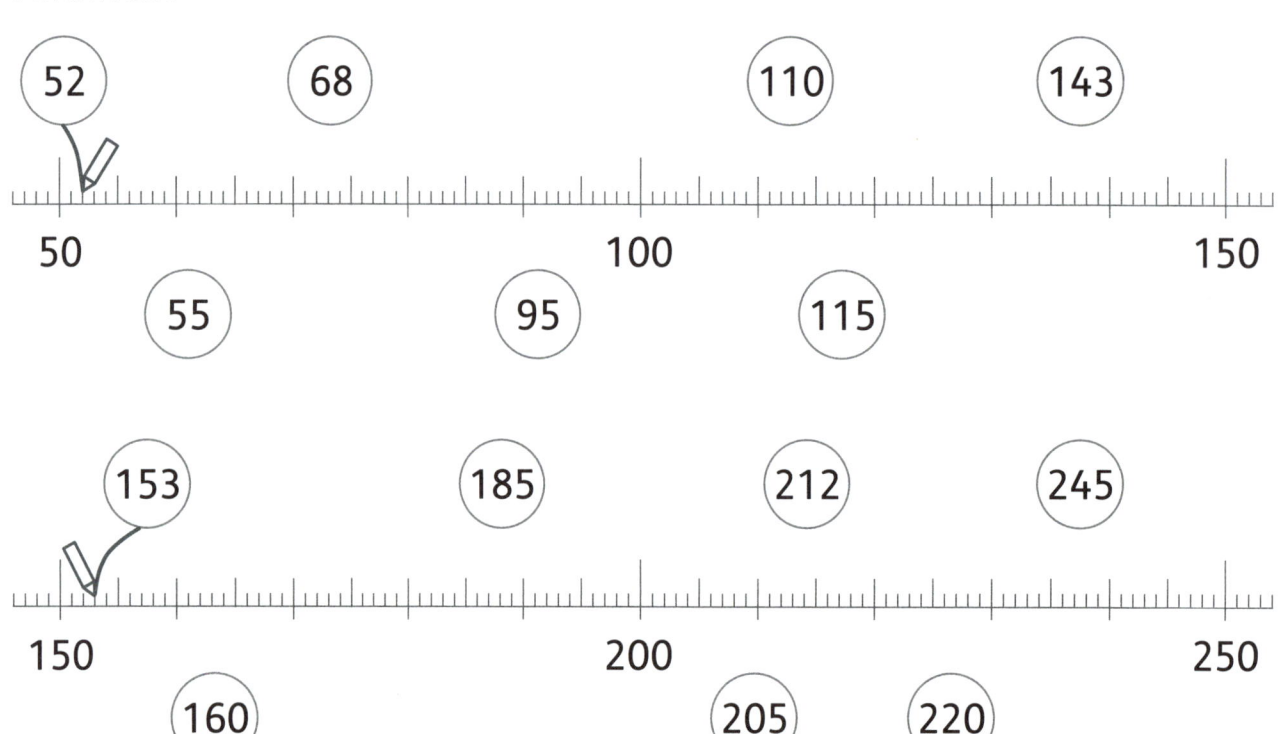

3 Nachbarzahlen. Finde Vorgänger und Nachfolger.

| 35 40 45 | 95 100 105 | 205 210 215 |

40 − 1 = <u>39</u>   100 − 1 = _____   210 − 1 = _____

40 + 1 = _____   100 + 1 = _____   210 + 1 = _____

<u>39</u> , 40, <u>41</u>   _____ , 100, _____   _____ , 210, _____

1 Zahlen am Zahlenstrahl ablesen. **2** Zahlen mit ihrer Position auf dem Zahlenstrahl verbinden. **3** Nachbarzahlen bestimmen.

→ Schulbuch, Seiten 38/39

Der Zahlenstrahl

1 Finde die passenden Nachbarzehner. Zeichne die Bögen.

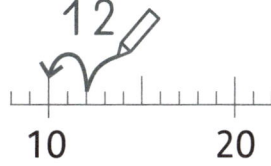

$12 - 2 = \underline{}$

$12 + 8 = \underline{}$

$65 - 5 = \underline{}$

$65 + 5 = \underline{}$

$114 - 4 = \underline{}$

$114 + 6 = \underline{}$

2 Nachbarzehner. Zeichne die Bögen und rechne.

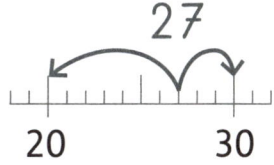

$27 - \underline{} = 20$

$27 + \underline{} = 30$

$23 - \underline{} = 20$

$23 + \underline{} = 30$

$24 - \underline{} = 20$

$24 + \underline{} = 30$

$25 - \underline{} = 20$

$25 + \underline{} = 30$

$125 - \underline{} = 120$

$125 + \underline{} = 130$

$225 - \underline{} = 220$

$225 + \underline{} = 230$

3 Finde eigene Zahlen. Zeichne die Bögen. Findest du ein Muster?

$\underline{} - \underline{} = 20$

$\underline{} + \underline{} = 30$

$\underline{} - \underline{} = 120$

$\underline{} + \underline{} = 130$

$\underline{} - \underline{} = 220$

$\underline{} + \underline{} = 230$

1 Nachbarzehner bestimmen.　**2** Bestimmung der Differenz bzw. Ergänzung zum Nachbarzehner.　**3** Auswahl eigener Zahlen unter Beachtung der vorgegebenen Nachbarzehner.

→ Schulbuch, Seiten 38/39

27

Der Rechenstrich

1 Trage die Zahlen ungefähr ein.

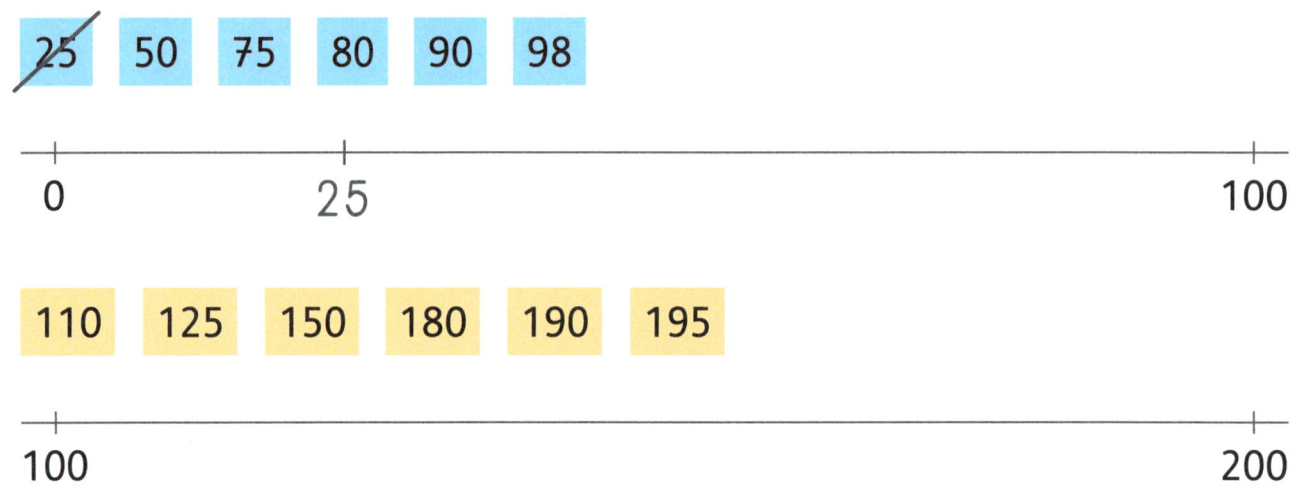

2 Wo passen die Zahlen? Trage ungefähr ein.

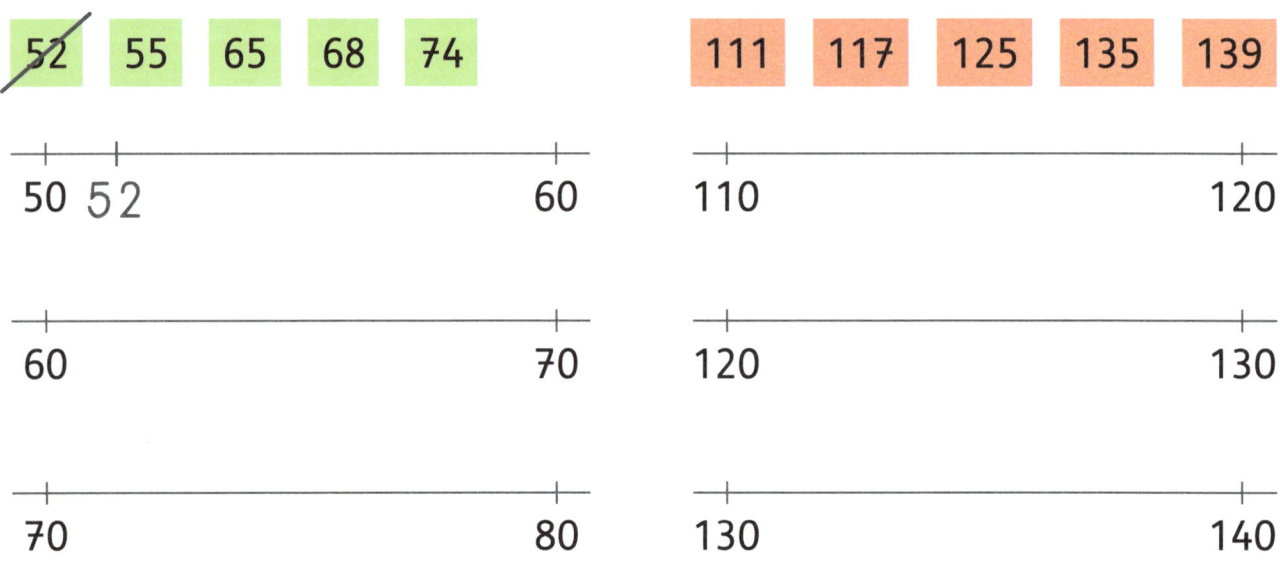

3 Immer 10 vor und zurück.

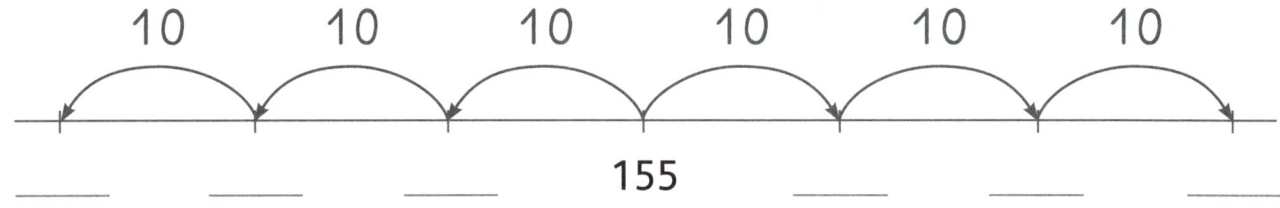

1 Zahlen am Rechenstrich ungefähr verorten.   **2** Nachbarzehner von Zahlen erkennen und die Zahlen auf dem passenden Rechenstrich darstellen.   **3** Sprünge mit 10 vorwärts und rückwärts vollziehen.

→ Schulbuch, Seiten 40/41

Forschen und Finden: Die Stellentafel

1 Punkte in der Stellentafel. Schreibe die Zahlen.

H	Z	E
•	••••• ••	••••

_____

H	Z	E
••	••••	••••• •••

_____

H	Z	E
••		•••••

_____

H	Z	E
•	••••• •••	•••

_____

2 Zeichne ein Plättchen dazu. Wie heißen die Zahlen?

H	Z	E
•	••••• •••	•••

$173 + 10 = 183$

H	Z	E
•	••••• ••	•••

$173 + \quad =$

H	Z	E
•	••••• ••	•••

$173 + \quad =$

H	Z	E
••	••	••••• •••

$228 + \quad =$

H	Z	E
••	••	••••• •••

$228 + \quad =$

H	Z	E
••	••	••••• •••

$228 + \quad =$

3 Streiche ein Plättchen weg. Wie heißen die Zahlen?

H	Z	E
•	•••••	•⁄

$152 - 1 =$

H	Z	E
•	•••••	••

$152 - \quad =$

H	Z	E
•	•••••	••

$152 - \quad =$

Aufgaben, die nicht bearbeitet werden, ggf. abdecken. **1** Zahlen aus der Stellentafel ablesen. **2, 3** Ausgangszahl durch Hinzufügen oder Wegnehmen von Plättchen verändern.

→ Schulbuch, Seite 42

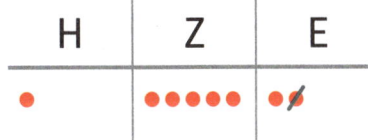
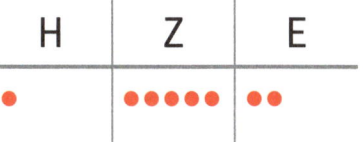

29

1 Lege. Wie heißt die Zahl?

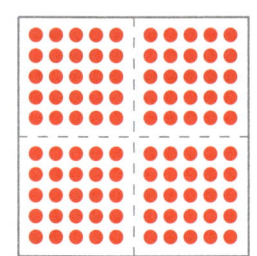 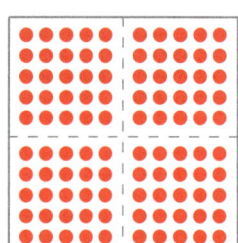 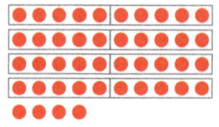

___ **H**underter

___ **Z**ehner

___ **E**iner

_____

2 Welche Zahlen?

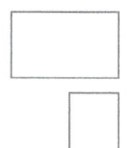

H	Z	E

_____

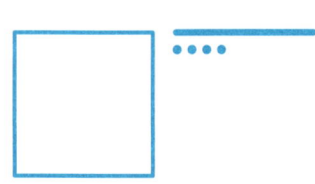

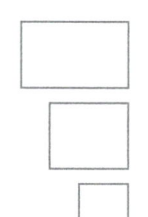

H	Z	E

_____

3 Nachbarzehner.

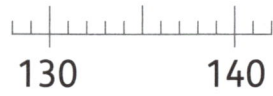

130   140

90   100

220   230

132 − ___ = 130   98 − ___ = 90   222 − ___ = 220

132 + ___ = 140   98 + ___ = 100   222 + ___ = 230

4 Immer 10 vor und zurück.

10   10   10   10   10   10

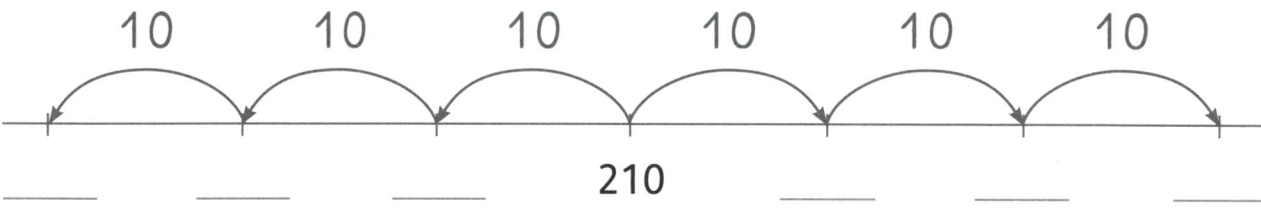

210

___   ___   ___   ___   ___   ___

Wesentliche Inhalte des Kapitels noch einmal reflektieren, die eigenen Kompetenzen einschätzen.
→ Schulbuch, Seite 43

Formen aus Quadraten

1 Immer zwei Formen sind gleich. Verbinde.

→ Schulbuch, Seiten 44/45

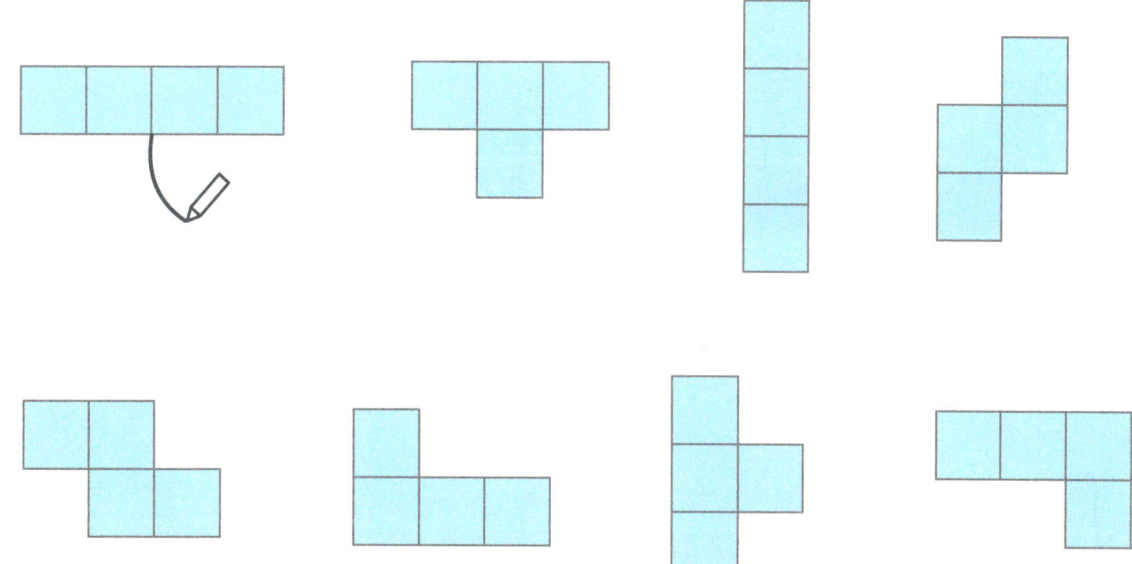

2 Finde Vierlinge in den Fünflingen. Zeichne.

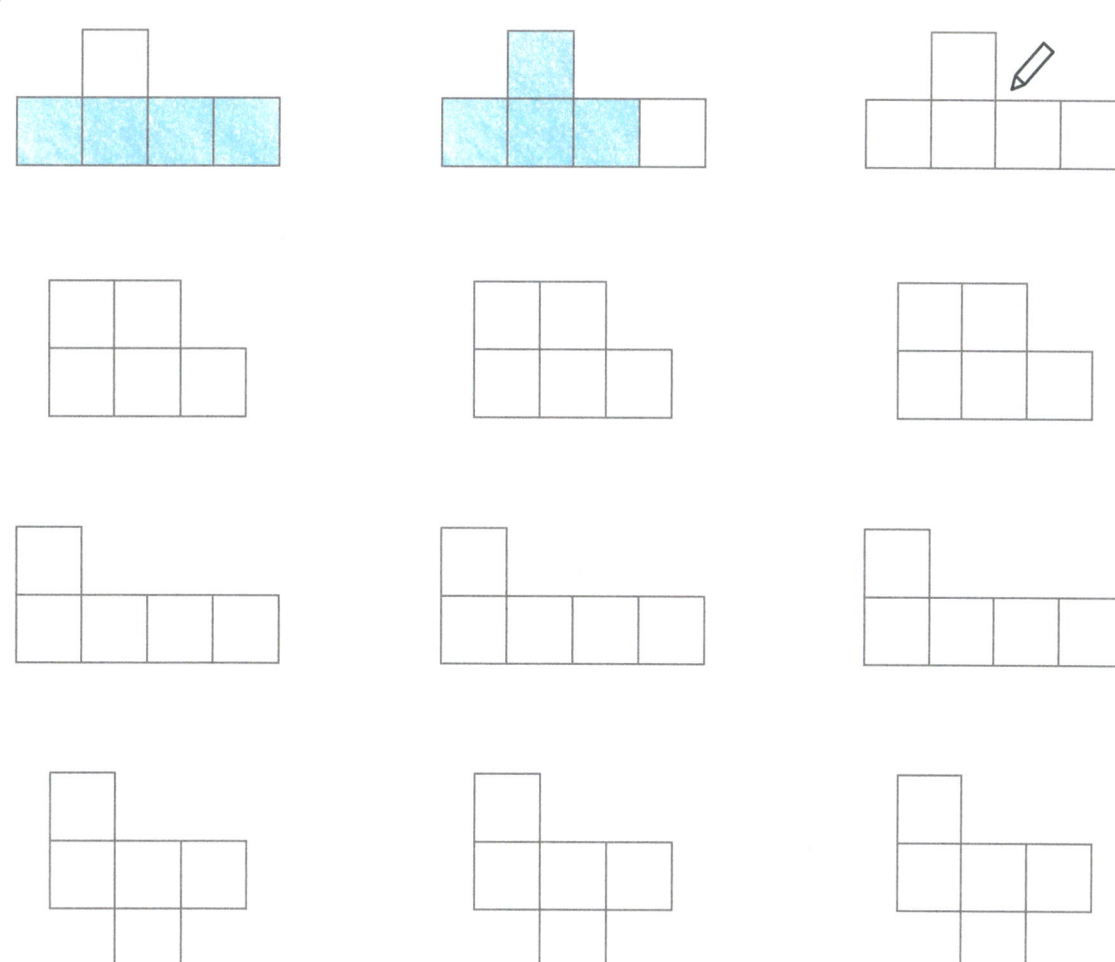

1 Formen in der Vorstellung drehen. Gleiche Formen in unterschiedlicher Lage finden.   **2** Formen gedanklich zerlegen und Vierlinge in Fünflingen finden. Bei einer Form gibt es nur zwei Möglichkeiten.

Würfelnetze

1 Verbinde.

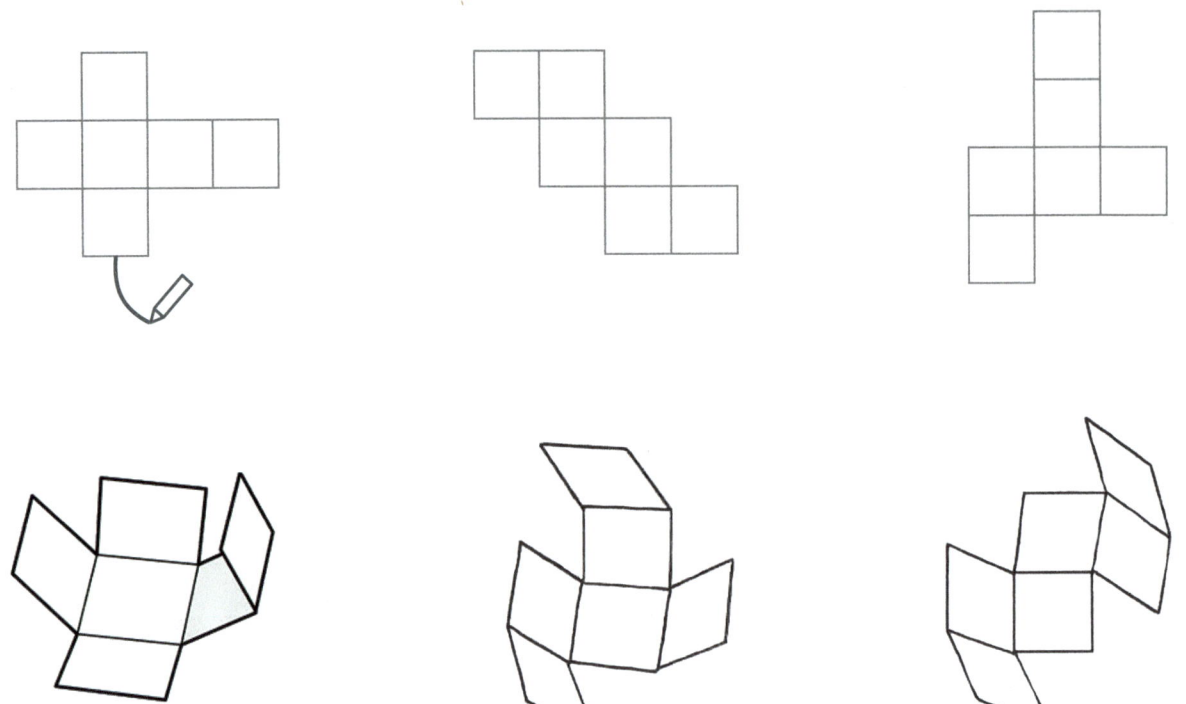

2 Färbe die gegenüberliegenden Flächen in der gleichen Farbe.

Diese Fläche liegt der roten gegenüber.

Anna

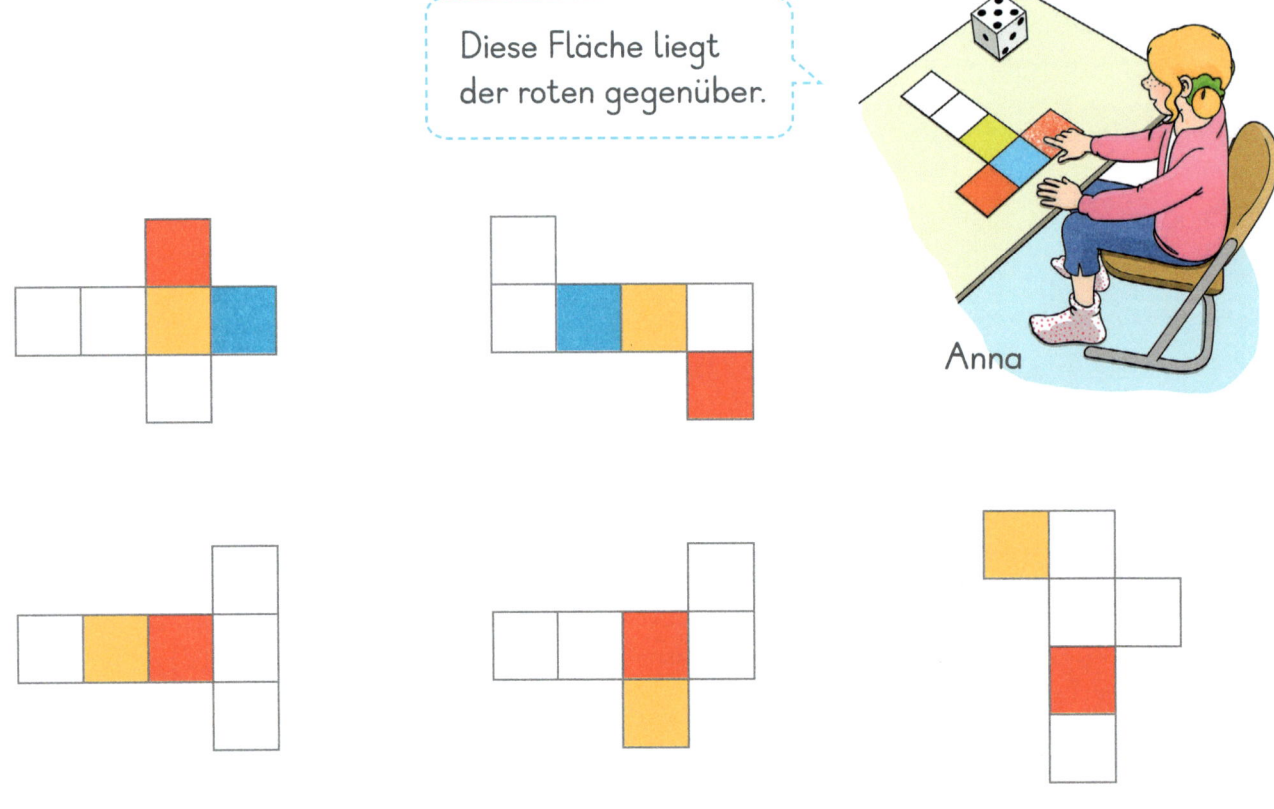

1 Gleiche Würfelnetze miteinander verbinden. **2** Gegenüberliegende Flächen in der gleichen Farbe färben.

→ Schulbuch, Seiten 46/47

Mit Geld rechnen

1 Wie viel Euro?

100 € 20 € 10 €	_____ €
200 € 50 €	_____ €
100 € 50 € 50 € 10 €	_____ €
100 € 20 € 2 € 1 €	_____ €
100 € 100 € 10 € 2 € 2 €	_____ €

2 Lege und zeichne mit    .

📧 Immer 150 Euro.   Scheine

50	50	20	20	10	5
✏️					

---

1 Geldbeträge berechnen. **2** Verschiedene Möglichkeiten finden, um eine vorgegebene Summe zu legen (ggf. weitere Summen vorgeben und legen bzw. zeichnen lassen).

→ Schulbuch, Seiten 48/49

 33

Mit Geld rechnen

1 Lege und zeichne mit möglichst wenigen Scheinen.

65 €	50	10	5		3
75 €					
150 €					
225 €					
250 €					

2 Lege und zeichne immer mit drei Scheinen.

70 €			
110 €			
130 €			
220 €			

1, 2 Eine vorgegebene Summe mit möglichst wenigen bzw. mit einer bestimmten Anzahl an Scheinen legen (ggf. weitere Summen vorgeben und legen bzw. zeichnen lassen).
→ Schulbuch, Seiten 48/49

Einfache Plus- und Minusaufgaben

1 Mit Hundertern plus rechnen.

53 + 100 = _____

Es kommen nur Hunderter dazu. Das ist einfach.

Kim

28 + 100 = _____

44 + 200 = _____

2 Mit Zehnern plus rechnen.

123 + 30 = _____

226 + 20 = _____

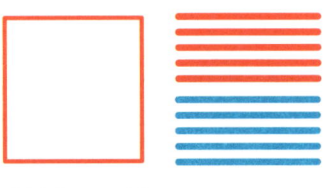

156 + 50 = _____

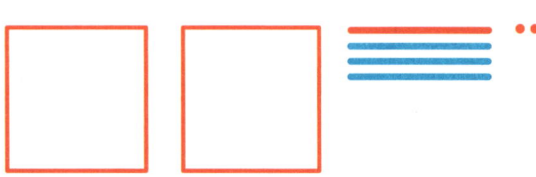

214 + 30 = _____

3 Mit Einern plus rechnen.

113 + 5 = _____

225 + ___ = _____

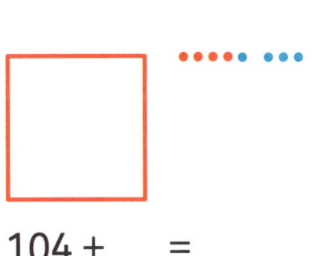

104 + ___ = _____

232 + ___ = _____

1–3 Einfache Aufgaben in den Zahlbildern erkennen und rechnen. Mit den Kindern darüber sprechen, warum diese Aufgaben einfach sind und die Begriffe *Hunderter*, *Zehner* und *Einer* benutzen. Mit den Kindern darüber sprechen, wann eine neue Bündelungseinheit (ein neuer Zehner bzw. Hunderter) entsteht.

→ Schulbuch, Seiten 50/51

Einfache Plus- und Minusaufgaben

Wörter zum Erklären:

die 1. Zahl	das Ergebnis	dazulegen	größer, kleiner, gleich
die 2. Zahl	Hunderter, Zehner, Einer	vertauschen	Wenn ..., dann ...

1 Mit Hundertern plus rechnen. Vergleiche und erkläre.

14 + 100 = _____   200 + 50 = _____   0 + 100 = _____   100 + 5 = _____

14 + 200 = _____   100 + 150 = _____   0 + 200 = _____   200 + 5 = _____

+0   +100

2 Mit Zehnern plus rechnen. Vergleiche und erkläre.

170 + 10 = _____   139 + 30 = _____   60 + 50 = _____   181 + 10 = _____

170 + 20 = _____   139 + 40 = _____   60 + 51 = _____   181 + 20 = _____

170 + 30 = _____   139 + 50 = _____   60 + 52 = _____   181 + 30 = _____

+0   +10

3 Mit Einern plus rechnen. Vergleiche und erkläre.

73 + 4 = _____   214 + 5 = _____   177 + 2 = _____   102 + 2 = _____

73 + 5 = _____   214 + 6 = _____   178 + 2 = _____   102 + 3 = _____

156 + 4 = _____   95 + 8 = _____   107 + 4 = _____   77 + 8 = _____

156 + 3 = _____   96 + 8 = _____   107 + 3 = _____   88 + 8 = _____

4 Welche Aufgabe findest du einfacher? Kreuze an.

☐ 55 + 6 = _____   ☐ 123 + 7 = _____   ☐ 3 + 118 = _____

☐ 6 + 55 = _____   ☐ 7 + 123 = _____   ☐ 118 + 3 = _____

☐ 5 + 199 = _____   ☐ 100 + 33 = _____   ☐ 100 + 51 = _____

☐ 199 + 5 = _____   ☐ 33 + 100 = _____   ☐ 51 + 100 = _____

1–3 Aufgabenserien rechnen und die dekadische Veränderung erkennen sowie die Veränderung der Ergebnisse erklären. Ggf. mit Material darstellen oder Zahlbilder nutzen. Fachbegriffe zum Erklären benutzen. **4** Aufgaben rechnen, ggf. zeichnen oder legen und die Kommutativität erkennen und erklären. Besprechen, welche Aufgaben einfach sind.

→ Schulbuch, Seiten 50/51

Einfache Plus- und Minusaufgaben

1 Mit Hundertern minus rechnen. Zeichne und rechne.

213 − 100 = _____

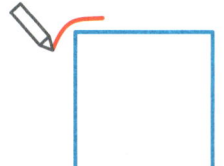

136 − 100 = _____

148 − 100 = _____

1 Hunderter wegnehmen. Das ist einfach.

Esra

2 Mit Zehnern minus rechnen. Zeichne und rechne.

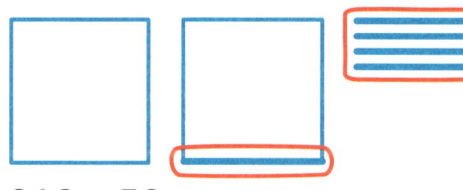

240 − 50 = _____

133 − 30 = _____

250 − 70 = _____

Ich muss den Hunderter anbrechen.

Noah

3 Mit Einern minus rechnen. Zeichne und rechne.

133 − 4 = _____

226 − 8 = _____

135 − 8 = _____

Ich muss den Zehner anbrechen.

Lena

1–3 Einfache Minusaufgaben in den Zahlbildern darstellen und rechnen. Mit den Kindern darüber sprechen, wann ein Zehner oder Hunderter angebrochen werden muss.

→ Schulbuch, Seiten 50/51

37

Einfache Plus- und Minusaufgaben

Wörter zum Erklären:

| die 1. Zahl | das Ergebnis | anbrechen | wegnehmen |
| die 2. Zahl | Hunderter, Zehner, Einer | größer, kleiner | Wenn ..., dann ... |

1 Mit Hundertern minus rechnen. Vergleiche und erkläre.

233 − 200 = ____   207 − 100 = ____   200 − 200 = ____
233 − 100 = ____   207 − 200 = ____   200 − 100 = ____

+0   − 100

2 Mit Zehnern minus rechnen. Vergleiche und erkläre.

180 − 10 = ____   139 − 30 = ____   241 − 20 = ____   199 − 50 = ____
180 − 20 = ____   139 − 20 = ____   241 − 10 = ____   199 − 70 = ____
180 − 30 = ____   139 − 10 = ____   241 − 0 = ____   199 − 90 = ____

+0   +10

3 Mit Einern minus rechnen. Vergleiche und erkläre.

117 − 5 = ____   159 − 4 = ____   221 − 1 = ____   209 − 5 = ____
117 − 6 = ____   159 − 6 = ____   221 − 2 = ____   209 − 7 = ____
117 − 7 = ____   159 − 8 = ____   221 − 3 = ____   209 − 9 = ____

+0   +1

4 Wann musst du einen **Zehner** entbündeln? Kreuze an.

☐ 114 − 4 = ____   ☐ 222 − 3 = ____   ☐ 241 − 4 = ____
☐ 114 − 5 = ____   ☐ 222 − 2 = ____   ☐ 241 − 5 = ____

5 Wann musst du einen **Hunderter** entbündeln? Kreuze an.

☐ 118 − 10 = ____   ☐ 207 − 10 = ____   ☐ 145 − 50 = ____
☐ 118 − 20 = ____   ☐ 217 − 10 = ____   ☐ 145 − 40 = ____

1–3 Aufgabenpaare und -serien rechnen, ggf. zeichnen oder legen und die Veränderung erkennen sowie die Veränderung der Ergebnisse beschreiben.   **4, 5** Aufgaben reflektieren und ankreuzen, ob ein Zehner bzw. Hunderter angebrochen wurde. Mit den Kindern darüber sprechen, wann dies der Fall ist.

→ Schulbuch, Seiten 50/51

1 Welche Beschreibung passt zu welcher Rechnung? Verbinde.

Ich rechne in **Schritten vorwärts**. Zuerst die Zehner dazu, dann noch die Einer.

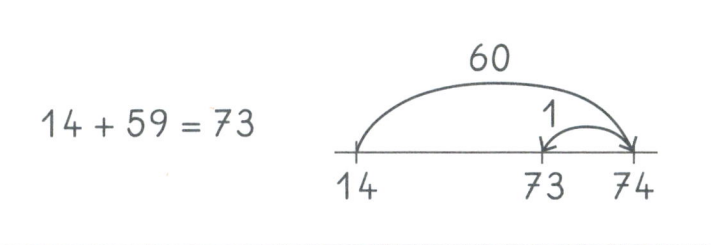

$$14 + 59 = 60 + 13 = 73$$
$$10 + 50$$
$$4 + \ 9$$

Ich rechne mit einer **Hilfsaufgabe**. Denn die zweite Zahl ist nah am Zehner. Zuerst die Zehner dazu. Dann ziehe ich ab, was zuviel ist.

$$14 + 59 = 73$$
$$14 + 50 = 64$$
$$64 + \ 9 = 73$$

Ich rechne **Zehner und Einer extra**. Erst Zehner plus Zehner, dann Einer plus Einer.

$$14 + 59 = 73$$

2

in Schritten vorwärts

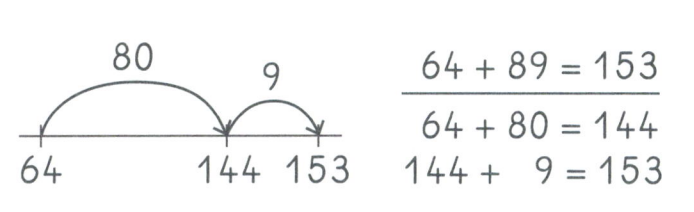

$$64 + 89 = 153$$

Hilfsaufgabe

$$64 + 89 = 153$$
$$64 + 80 = 144$$
$$144 + \ 9 = 153$$

Zehner und Einer extra

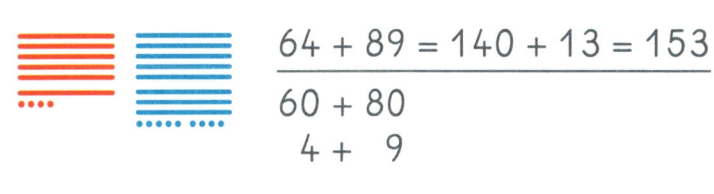

$$64 + 89 = 140 + 13 = 153$$
$$60 + 80$$
$$4 + \ 9$$

1, 2 Rechenstrategien und Beschreibungen zuordnen. Ggf. weitere Aufgaben lösen und beschreiben.

→ Schulbuch, Seite 52

39

Rechenwege bei der Addition

1 **Zehner und Einer extra**. Rechne und beschreibe.

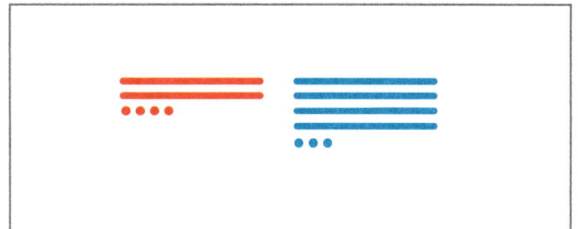

$24 + 43 = 60 + 7 =$

$20 + 40$

$4 + \ 3$

$43 + 35 =$

$56 + 18 =$

$55 + 23 =$

$89 + 8 =$

2 **In Schritten vorwärts**. Rechne und beschreibe.

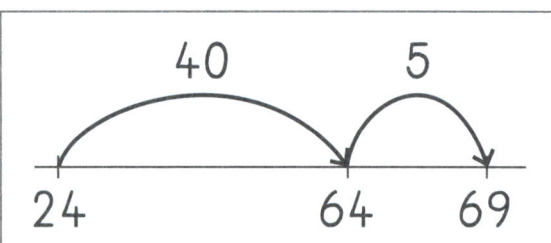

$24 + 45 =$

$24 + 40 = 64$

$64 + \ 5 =$

$35 + 48 =$

$26 + 72 =$

$77 + 21 =$

$56 + 55 =$

$13 + 78 =$

$+ \quad =$

1, 2 Additionsaufgaben mit der Strategie „Zehner und Einer extra" bzw. „in Schritten vorwärts" rechnen und den Rechenweg beschreiben. Die Beschreibungen auf S. 39 können als Sprachvorbild dienen.

→ Schulbuch, Seiten 52/53

Rechenwege bei der Addition

1 | **Verdopple**. Lege und rechne wie Mila.

26 | 20 + 20 = 40
      6 + 6 = 12
    26 + 26 = ____

Das Doppelte von 26

20 + 20 = 40
6 + 6 = 12
26 + 26 = 52

Mila   Lena

23 | 20 + 20 = ____
     3 + 3 = ____
       ____ + ____ = ____

34 | 30 + ____ = ____
    4 + ____ = ____
   ____ + ____ = ____

37 | ____ + ____ = ____
   ____ + ____ = ____
   ____ + ____ = ____

52 | ____ + ____ = ____
   ____ + ____ = ____
   ____ + ____ = ____

2 | **Verdopple**. Zeichne wie Lena und rechne.

24 | 24 + 24 = ____

45 | 45 + 45 = ____

53 | 53 + 53 = ____

27 | 27 + 27 = ____

38 | 38 + 38 = ____

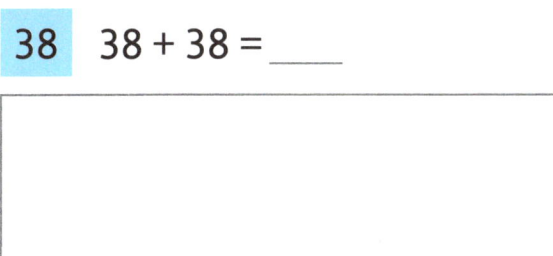

47 | 47 + 47 = ____

1, 2 Verdopplungsaufgaben legen, zeichnen und rechnen. Ggf. Verdoppeln mit Geldmünzen und -scheinen thematisieren und Verdopplungsaufgaben mit Rechengeld legen lassen.

→ Schulbuch, Seite 53

Gemischte Übungen

1 | **Hilfsaufgabe**. Rechne am Rechenstrich.

24 + 69 = ____

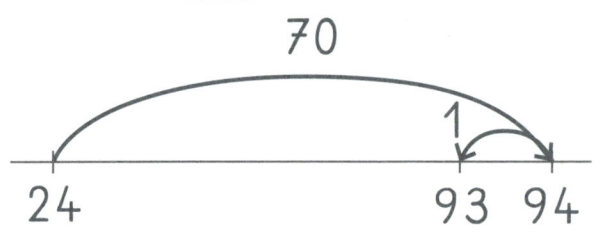

69 ist nah an einer Zehnerzahl.

Leo

24 + 49 = ____

35 + 48 = ____

34 + 99 = ____

15 + 198 = ____

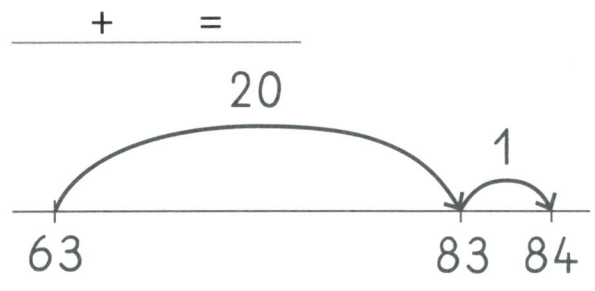

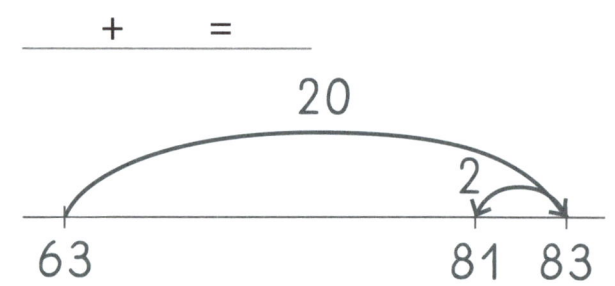

2 | Welche Plusaufgabe wurde gerechnet?

____ + ____ = ____

____ + ____ = ____

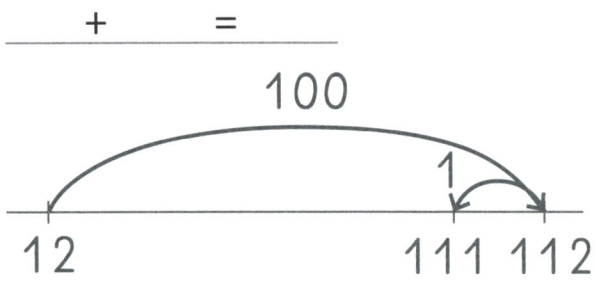

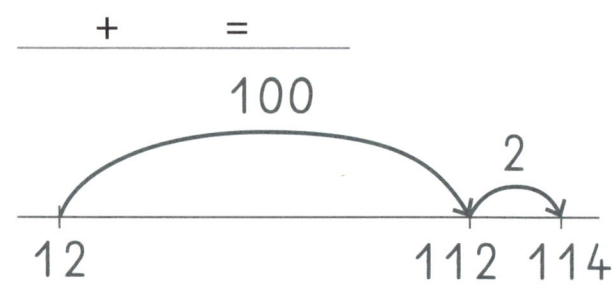

1 Aufgaben mit der Strategie „Hilfsaufgabe" lösen und den Rechenweg beschreiben. **2** Aufgaben zu Zeichnungen am Rechenstrich finden und entscheiden, welche Strategie genutzt wurde.

→ Schulbuch, Seite 54

Rechenwege bei der Subtraktion

1 Welche Beschreibung passt zu welcher Rechnung? Verbinde.

Ich rechne **in Schritten zurück**. Zuerst die Zehner abziehen, dann noch die Einer.

$$82 - 49 = 40 - 7 = 33$$
$$80 - 40$$
$$2 - 9$$

Ich rechne mit einer **Hilfsaufgabe**. Denn die zweite Zahl ist nah am Zehner. Zuerst die Zehner zurück. Dann wieder einen Einer vor.

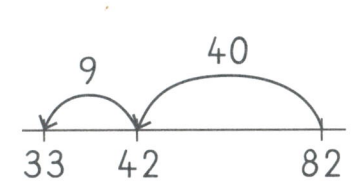

$$82 - 49 = 33$$
$$82 - 40 = 42$$
$$42 - 9 = 33$$

Ich rechne **Zehner und Einer extra**. Zehner minus Zehner, Einer minus Einer. Ich muss den Zehner anbrechen.

$82 - 49 = 33$

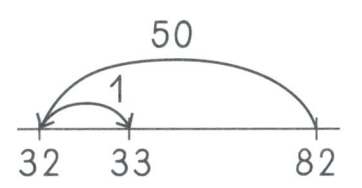

2

in Schritten zurück

$93 - 58 = 35$

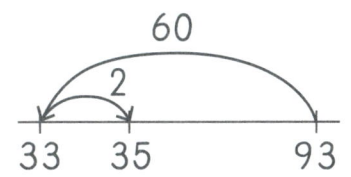

Zehner und Einer extra

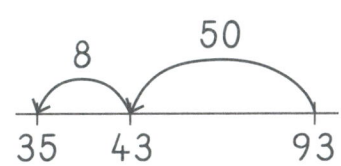

$$93 - 58 = 35$$
$$93 - 50 = 43$$
$$43 - 8 = 35$$

Hilfsaufgabe

$$93 - 58 = 40 - 5 = 35$$
$$90 - 50$$
$$3 - 8$$

1, 2 Rechenstrategien und Beschreibungen zuordnen. Ggf. weitere Aufgaben lösen und beschreiben.

→ Schulbuch, Seite 56

43

Rechenwege bei der Subtraktion

1 **Zehner und Einer extra.** Zeichne, rechne und beschreibe. Vergleiche.

 43 – 27 = _____

40 – _____

_____

47 – 23 = _____

_____

_____

71 – 35 = _____

_____

_____

75 – 31 = _____

_____

_____

2 **In Schritten zurück.** Rechne am Rechenstrich. Beschreibe.

78 – 55 = ____

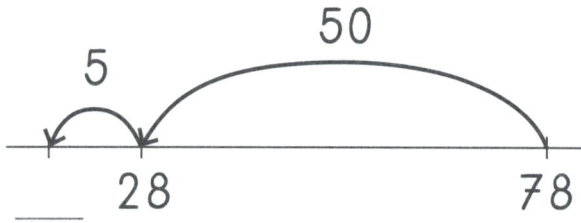

108 – 55 = ____

81 – 43 = ____

_____|_____
          81

101 – 43 = ____

_____|_____
         101

120 – 18 = ____

_____|_____

120 – 29 = ____

_____|_____

1, 2 Subtraktionsaufgaben mit der Rechenstrategie „Zehner und Einer extra" bzw. „in Schritten zurück" rechnen. Vorgehensweisen beschreiben. Dabei die Sprachvorbilder auf Seite 43 nutzen.

→ Schulbuch, Seiten 56/57

Rechenwege bei der Subtraktion

1 **Halbiere**. Lege und rechne. Erst die Zehner, dann die Einer halbieren.

56
$$50 = 25 + 25$$
$$6 = 3 + 3$$
$$56 = \quad +$$

Die Hälfte von 56

50 = 25 + 25
6 = 3 + 3
56 = 28 +

Metin

24
$$20 = 10 +$$
$$4 = 2 +$$
$$24 = \quad +$$

46
$$40 = \quad +$$
$$6 = \quad +$$
$$= \quad +$$

52
$$= \quad +$$
$$= \quad +$$
$$= \quad +$$

68
$$= \quad +$$
$$= \quad +$$
$$= \quad +$$

2 **Halbiere**. Zeichne und rechne.

54 $54 = \quad +$

42 $42 = \quad +$

34 $34 = \quad +$

38 $38 = \quad +$

88 $88 = \quad +$

90 $90 = \quad +$

1, 2 Halbierungsaufgaben legen, zeichnen und rechnen. Ggf. Halbieren mit Geldmünzen und -scheinen thematisieren und Halbierungsaufgaben mit Rechengeld legen lassen.

→ Schulbuch, Seite 57

45

Gemischte Übungen

1 Ergänze schrittweise. Rechne und schreibe wie Ben oder Till.

Ich ergänze erst zum nächsten Zehner.

Ich ergänze erst zum passenden Einer.

$87 + \underline{} = 104$

$87 + 17 = 104$
$87 + 3 = 90$
$90 + 14 = 104$

$87 + 17 = 104$
$87 + 7 = 94$
$94 + 10 = 104$

Ben

Till

$68 + \underline{} = 102$

$89 + \underline{} = 101$

68   102   89

$82 + \underline{} = 99$

$76 + \underline{} = 81$

$63 + \underline{} = 87$

$87 + \underline{} = 103$

2 Ergänze im Kopf.

$69 + \underline{} = 100$	$94 + \underline{} = 110$	$55 + \underline{} = 77$	$123 + \underline{} = 223$
$68 + \underline{} = 90$	$95 + \underline{} = 110$	$44 + \underline{} = 77$	$124 + \underline{} = 224$
$77 + \underline{} = 80$	$98 + \underline{} = 100$	$30 + \underline{} = 56$	$205 + \underline{} = 215$
$77 + \underline{} = 90$	$108 + \underline{} = 110$	$20 + \underline{} = 56$	$215 + \underline{} = 225$

1 Ergänzen am Rechenstrich. Zwei verschiedene Möglichkeiten beschreiben und erproben. Mit den Kindern über die Unterschiede und Gemeinsamkeiten der Rechenwege sprechen. **2** Schöne Päckchen durch Ergänzen lösen.
→ Schulbuch, Seite 58

Gemischte Übungen

1 **Hilfsaufgabe.** Rechne am Rechenstrich. Beschreibe.

63 − 29 =_____

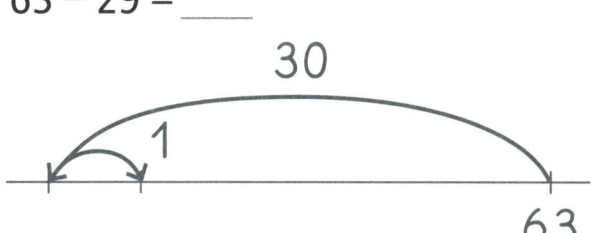

> Die zweite Zahl ist nah an einer Zehnerzahl.

Ina

82 − 39 =_____   95 − 29 =_____

82   95

101 − 19 =_____   143 − 68 =_____

2 Welche Minusaufgabe wurde gerechnet?

_____ − _____ = _____

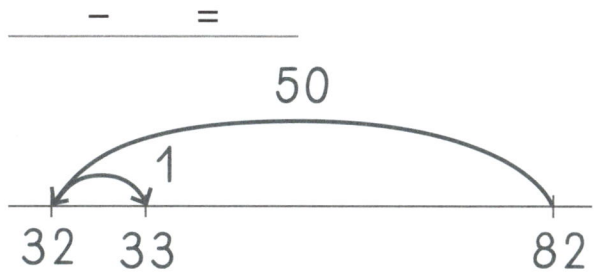

_____ − _____ = _____

_____ − _____ = _____

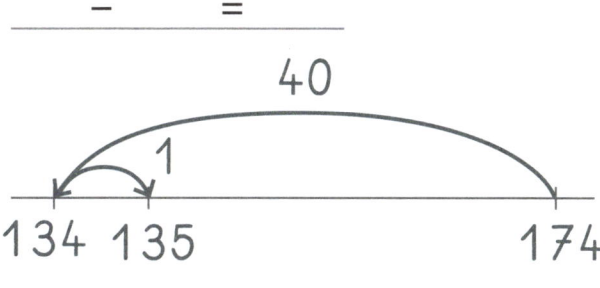

_____ − _____ = _____

1 Aufgaben mit der Strategie „Hilfsaufgabe" lösen und den Rechenweg beschreiben. **2** Aufgaben zu Zeichnungen am Rechenstrich finden und entscheiden, welche Strategie genutzt wurde.

→ Schulbuch, Seite 59

47

12 + 13 = 25

22 + 23 = 45

32 + 33 = 65

1	2	3	4	5	6	7	8	9	10
11	12	13	14	15	16	17	18	19	20
21	22	23	24	25	26	27	28	29	30
31	32	33	34	35	36	37	38	39	40
41	42	43	44	45	46	47	48	49	50
51	52	53	54	55	56	57	58	59	60
61	62	63	64	65	66	67	68	69	70
71	72	73	74	75	76	77	78	79	80
81	82	83	84	85	86	87	88	89	90
91	92	93	94	95	96	97	98	99	100

Marta

Murat

Bei beiden Zahlen kommen immer 10 dazu.

Das Ergebnis ist immer ungerade.

1 Rechne. Vergleiche. Erkläre.

14 + 15 = ___   23 + 24 = ___   8 + 9 = ___   ___ + ___ = ___

24 + 25 = ___   33 + 34 = ___   18 + 19 = ___   ___ + ___ = ___

34 + 35 = ___   43 + ___ = ___   28 + ___ = ___   ___ + ___ = ___

44 + 45 = ___   ___ + ___ = ___   ___ + ___ = ___   ___ + ___ = ___

2 Rechne. Vergleiche. Erkläre.

7 + 17 = ___   14 + 24 = ___   42 + 52 = ___   ___ + ___ = ___

8 + 18 = ___   15 + 25 = ___   43 + 53 = ___   ___ + ___ = ___

9 + 19 = ___   16 + ___ = ___   44 + ___ = ___   ___ + ___ = ___

10 + 20 = ___   ___ + ___ = ___   ___ + ___ = ___   ___ + ___ = ___

Mit den Kindern die Aussagen in den Sprechblasen besprechen. **1** Nebeneinanderstehende Zahlen in der Tafel finden und Summen berechnen. Ergebnisse vergleichen und erklären. Dabei die Aussagen in den Sprechblasen und die Zahlbilder nutzen. **2** Untereinanderstehende Zahlen in der Tafel finden und Summen berechnen. Ergebnisse vergleichen und beschreiben.

→ Schulbuch, Seite 60

1 Einfache Aufgaben.

216 + 20 = _____   230 − 50 = _____

2

123 + 100 = _____   123 + 20 = _____   85 + 80 = _____   185 + 5 = _____

123 − 100 = _____   123 − 20 = _____   85 − 80 = _____   185 − 5 = _____

3 **Zehner und Einer extra**. Rechne.

56 + 34 =   72 + 62 =   82 − 35 =

_____   _____   _____

_____   _____   _____

_____   _____   _____

4 **Hilfsaufgabe** oder **in Schritten**. Rechne.

104 + 29 = _____   86 − 39 = _____

104   86

5 Wie viel Euro?

_____ €

_____ €

Wesentliche Inhalte des Kapitels noch einmal reflektieren, die eigenen Kompetenzen einschätzen.

→ Schulbuch, Seite 61

49

Mit Gewichten rechnen: Kilogramm und Gramm

1000 g = 1 kg

1 Wiege mit einer Waage und vergleiche.

Was ist schwerer? Kreuze an.

☐   ☐   ☐   ☐   ☐   ☐

☐   ☐   ☐   ☐   ☐   ☐

2 Wie schwer sind die Lebensmittel? Berechne.

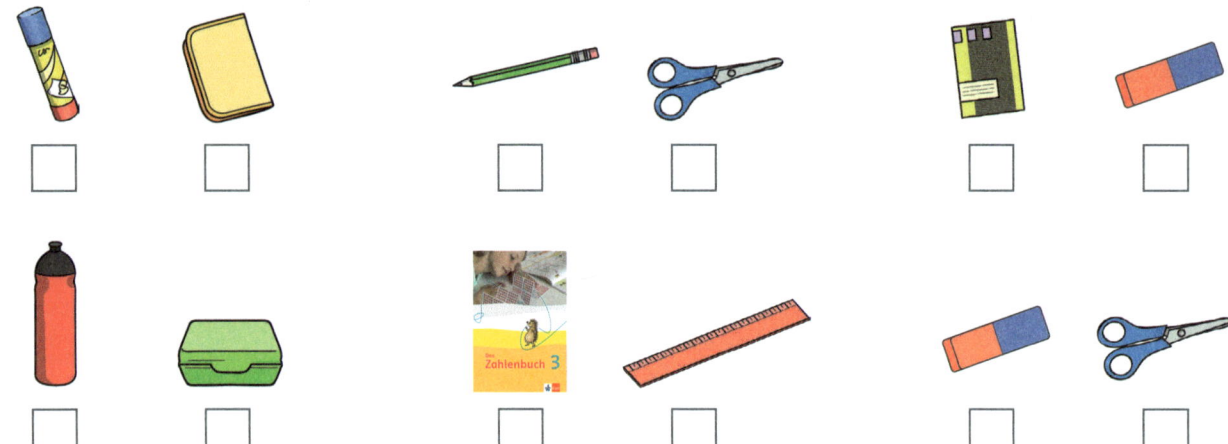

$50\,g + 50\,g =$ _____   _____   _____

_____   _____   _____

3 Immer 1 kg. Wie viele Packungen?

Mehl: _____ Packung

Nudeln: _____ Packungen

Schokolade: _____ Packungen

1 kg = 1000 g   500 g   100 g

1, 2 Gegenstände aus dem Schulalltag vergleichen und wiegen.   **2** Maßangaben zu Gegenständen aus der Lebenswelt errechnen und merken.   **3** Standardmaße mit Gegenständen aus der Lebenswelt auf verschiedene Weisen zerlegen.

→ Schulbuch, Seiten 64/65

Multiplizieren mit Zehnerzahlen

1 Malrechnen mit Einern und Zehnern.

$3 \cdot 5 = \underline{15}$ $4 \cdot 5 = \underline{}$

$3 \cdot 50 = \underline{}$ $4 \cdot 50 = \underline{}$

$3 \cdot 3 = \underline{9}$ $4 \cdot 3 = \underline{}$

$3 \cdot 30 = \underline{}$ $4 \cdot 30 = \underline{}$

2 Malrechnen mit Zehnern. Zeichne und rechne.

$5 \cdot 30 = \underline{}$

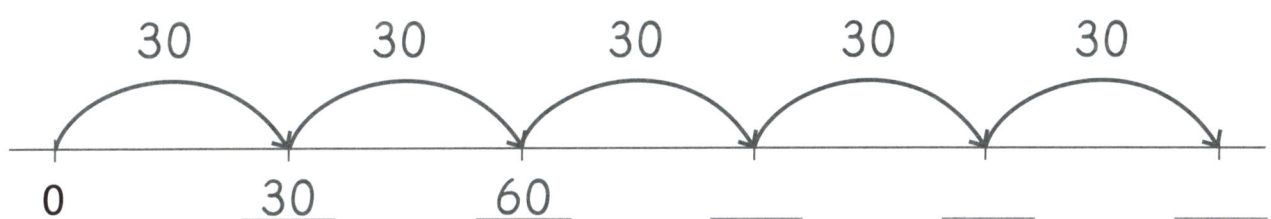

0      $\underline{30}$ $\underline{60}$ $\underline{}$ $\underline{}$ $\underline{}$

$4 \cdot 40 = \underline{}$

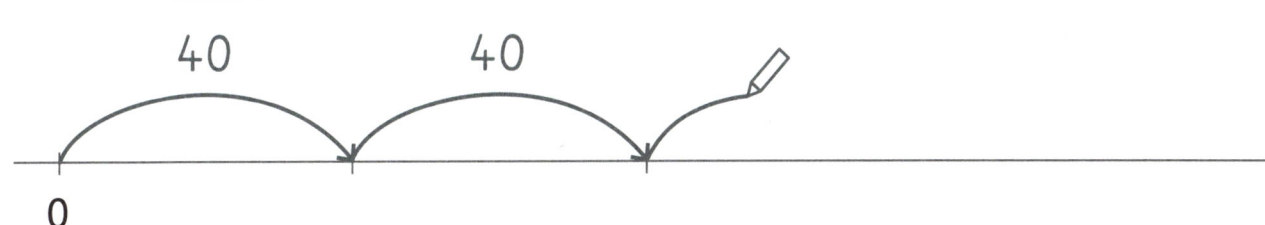

0      $\underline{}$ $\underline{}$

3 Rechne immer erst die kleine Malaufgabe.

$2 \cdot 4 = \underline{}$ $5 \cdot 2 = \underline{}$ $7 \cdot 2 = \underline{}$ $7 \cdot 3 = \underline{}$

$2 \cdot 40 = \underline{}$ $5 \cdot 20 = \underline{}$ $7 \cdot 20 = \underline{}$ $7 \cdot 30 = \underline{}$

1 Lösen von Aufgaben aus dem Zehnereinmaleins mithilfe von Aufgaben aus dem kleinen Einmaleins. **2** Aufgaben aus dem Zehnereinmaleins am Rechenstrich lösen. **3** Aufgaben aus dem kleinen Einmaleins und dem Zehnereinmaleins im Zusammenhang rechnen.

→ Schulbuch, Seiten 66/67

51

Das Zehnereinmaleins

1 Rechne. Vergleiche.

$2 \cdot 4 =$ _____ $2 \cdot 40 =$ _____ $3 \cdot 2 =$ _____ $3 \cdot 20 =$ _____

$3 \cdot 4 =$ _____ $3 \cdot 40 =$ _____ $4 \cdot 2 =$ _____ $4 \cdot 20 =$ _____

$5 \cdot 3 =$ _____ $5 \cdot 30 =$ _____ $2 \cdot 5 =$ _____ $2 \cdot 50 =$ _____

$6 \cdot 3 =$ _____ $6 \cdot 30 =$ _____ $3 \cdot 5 =$ _____ $3 \cdot 50 =$ _____

2 Mit Zehnern geteilt rechnen wie mit Einern.

12 geteilt durch 4 sind 3. Das sind 3.

4 Zehner passen dreimal in 12 Zehner. 120 geteilt durch 40 sind 3.

Mila

Till

 $12 : 4 = \underline{\ 3\ }$

 $120 : 40 =$ ___

 $9 : 3 =$ ___

 $90 : 30 =$ ___

 $10 : 5 =$ ___

$100 : 50 =$ ___

 $20 : 5 =$ ___

 $200 : 50 =$ ___

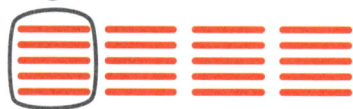

1 Lösen von Aufgaben aus dem Zehnereinmaleins mithilfe von Aufgaben aus dem kleinen Einmaleins. Aufgaben vergleichen.
2 Divisionsaufgaben mit Zehnern wie mit Einern lösen.

→ Schulbuch, Seiten 68/69

Multiplizieren mit dem Malkreuz

Bei 9 · 3 hilft die Kernaufgabe 10 · 3.

Anton

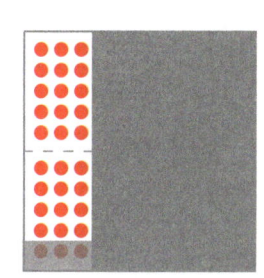

10 mal 3 minus 1 mal 3.

Sophie

$10 · 3 = 30$

$9 · 3 = 30 - 3 = 27$

1 Rechne mit Nachbaraufgaben  mit 10   mit 2   mit 5 .

$10 · 3 = $ ___
$9 · 3 = $ ___

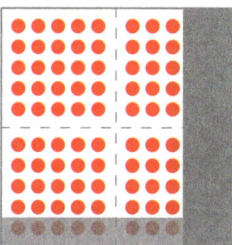

$10 · 8 = $ ___
$9 · 8 = $ ___

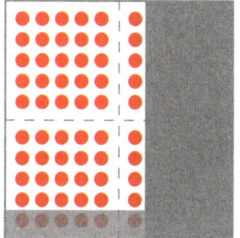

$10 · 6 = $ ___
$9 · 6 = $ ___

$10 · 7 = $ ___
$9 · 7 = $ ___

2

$2 · 8 = $ ___
$3 · 8 = $ ___

$2 · 6 = $ ___
$3 · 6 = $ ___

$2 · 4 = $ ___
$3 · 4 = $ ___

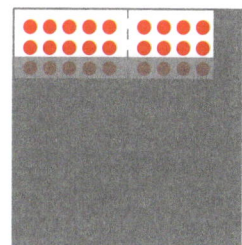

$2 · 9 = $ ___
$3 · 9 = $ ___

3

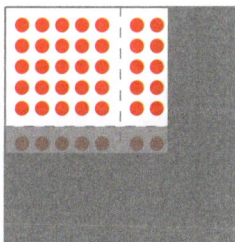

$5 · 7 = $ ___
$6 · 7 = $ ___

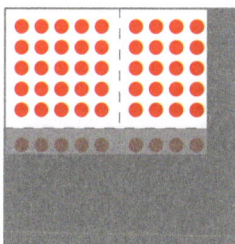

$5 · 9 = $ ___
$6 · 9 = $ ___

$5 · 4 = $ ___
$6 · 4 = $ ___

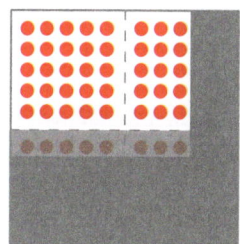

$5 · 8 = $ ___
$6 · 8 = $ ___

1–3 Schwierige Malaufgaben mithilfe von Kernaufgaben („mit 10', „mit 2', „mit 5') berechnen.
→ Schulbuch, Seiten 70/71

53

Multiplizieren mit dem Malkreuz

$3 \cdot 7 =$ ___
$3 \cdot 5 =$ ___
$3 \cdot 2 =$ ___

·	5	2
3	15	6

21

Lilly

> Ich kann die Aufgabe zerlegen:
> 3 mal 7 sind
> 3 mal 5 plus 3 mal 2,
> also 15 + 6 = 21.

1 Zerlege und rechne mit dem Malkreuz.

5 · 7 = ___
$5 \cdot 5 =$ ___
$5 \cdot 2 =$ ___

·	5	2
5		

7 · 7 = ___
$7 \cdot 5 =$ ___
$7 \cdot 2 =$ ___

·	5	2
7		

6 · 7 = ___
$6 \cdot 5 =$ ___
$6 \cdot 2 =$ ___

·	5	2
6		

9 · 7 = ___
$9 \cdot 5 =$ ___
$9 \cdot 2 =$ ___

·	5	2
9		

2 Rechne mit dem Malkreuz.

4 · 6 = ___
$4 \cdot 5 =$ ___
$4 \cdot 1 =$ ___

·		
4		

8 · 3 = ___
$8 \cdot 2 =$ ___
$8 \cdot 1 =$ ___

·		
8		

9 · 6 = ___
$9 \cdot 5 =$ ___
$9 \cdot 1 =$ ___

·		
9		

7 · 3 = ___
$7 \cdot 2 =$ ___
$7 \cdot 1 =$ ___

·		
7		

1, 2 Schwierige Malaufgaben mithilfe von Kernaufgaben („mit 10', „mit 2', „mit 5') berechnen.
→ Schulbuch, Seiten 70/71

Rechenwege bei der Multiplikation

Mit Kernaufgaben rechnen

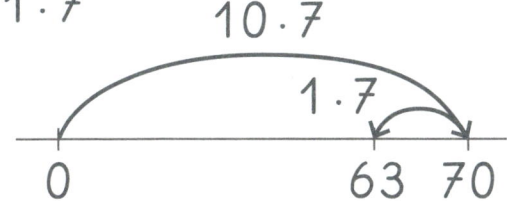

9 · 7

10 · 7
1 · 7

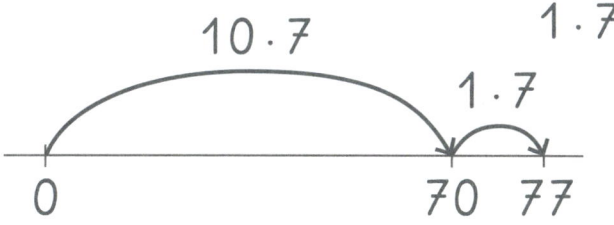

11 · 7

10 · 7
1 · 7

Eva

10 mal 7 ist einfach.
9 mal 7 ist
10 mal 7 minus
1 mal 7.

Esra

11 mal 7 ist
10 mal 7 plus
1 mal 7.

1 Rechne am Rechenstrich.

9 · 6 = ____

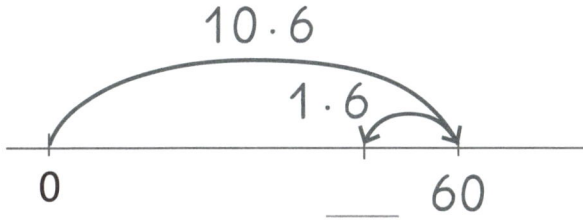

11 · 6 = ____

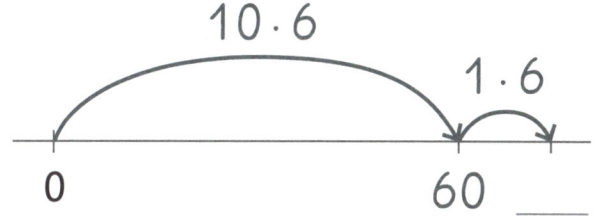

9 · 5 = ____

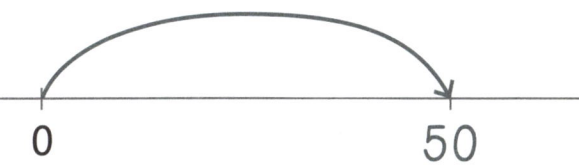

11 · 5 = ____

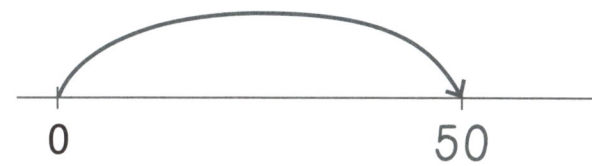

9 · 4 = ____

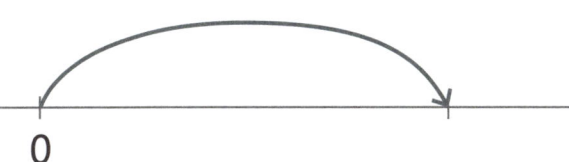

11 · 4 = ____

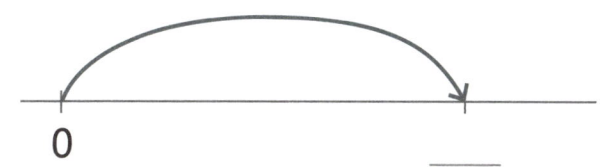

1 Wie rechnest du? Mit Malkreuz oder mit Rechenstrich?

9 · 11

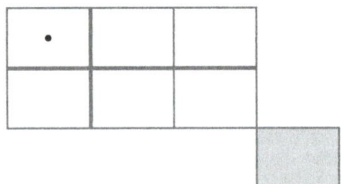

0

7 · 12

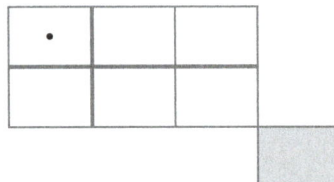

0

7 · 9

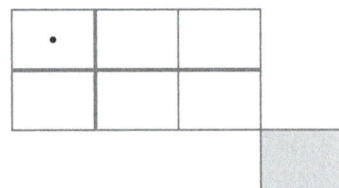

0

8 · 11

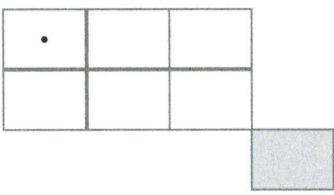

0

1 Malaufgaben auf eigenen Wegen berechnen und Rechnung darstellen.
→ Schulbuch, Seiten 72/73

6 · 7 =

6 · 5 = _30_

6 · 2 = _12_

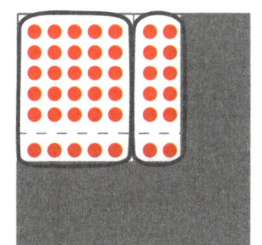

·	5	2
6	30	12

42

---

1 Vergleiche die Malkreuze. Was fällt dir auf?

·	6	4
5		

·	6	2
3		

·	2	7
6		

·	4	6
5		

·	2	6
3		

·	7	2
6		

---

2 Vergleiche die Malkreuze. Erkläre.

·	3	4
5		

·	4	1
6		

·	2	7
4		

·	5	4
3		

·	6	1
4		

·	4	7
2		

1, 2 Malkreuze berechnen und verschiedene Zerlegungen innerhalb der Malkreuze vergleichen.

→ Schulbuch, Seite 74

57

1 Mal und geteilt rechnen mit Einern und Zehnern.

 3 · 4 = _____

3 · 40 = _____

 15 : 5 = _____

150 : 50 = _____

2 Wie rechnest du am Rechenstrich?

11 · 5 = _____

9 · 6 = _____

0

0

9 · 5 = _____

11 · 6 = _____

0

0

3 Zerlege und rechne mit dem Malkreuz.

3 · 8 = _____

3 · 5 = _____

3 · 3 = _____

·	5	3
3		

9 · 7 = _____

9 · 5 = _____

9 · 2 = _____

·	5	2
9		

7 · 6 = _____

7 · ___ = _____

7 · ___ = _____

·		
7		

8 · 6 = _____

8 · ___ = _____

8 · ___ = _____

·		
8		

Formen am Geobrett

1 Immer 2 Vierecke sind deckungsgleich. Verbinde.

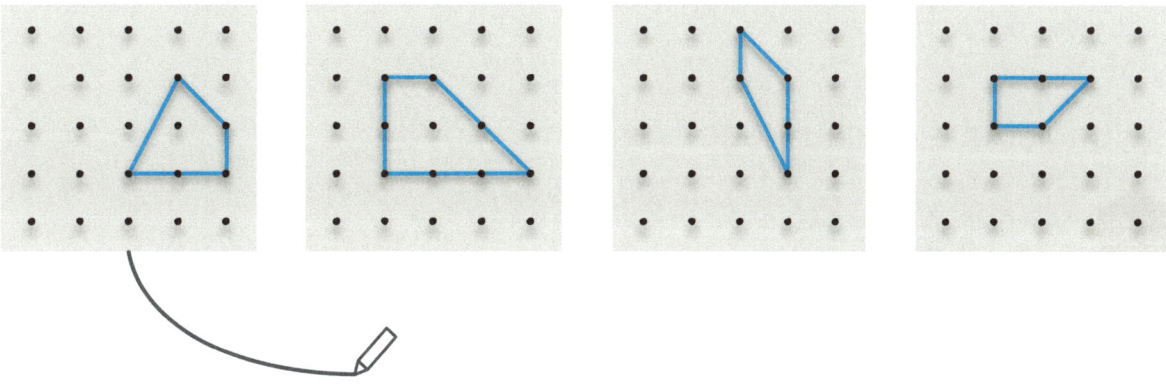

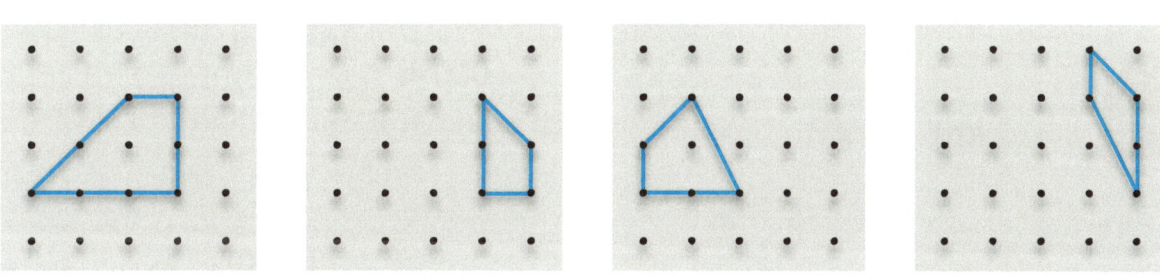

2 Zeichne das Spiegelbild.

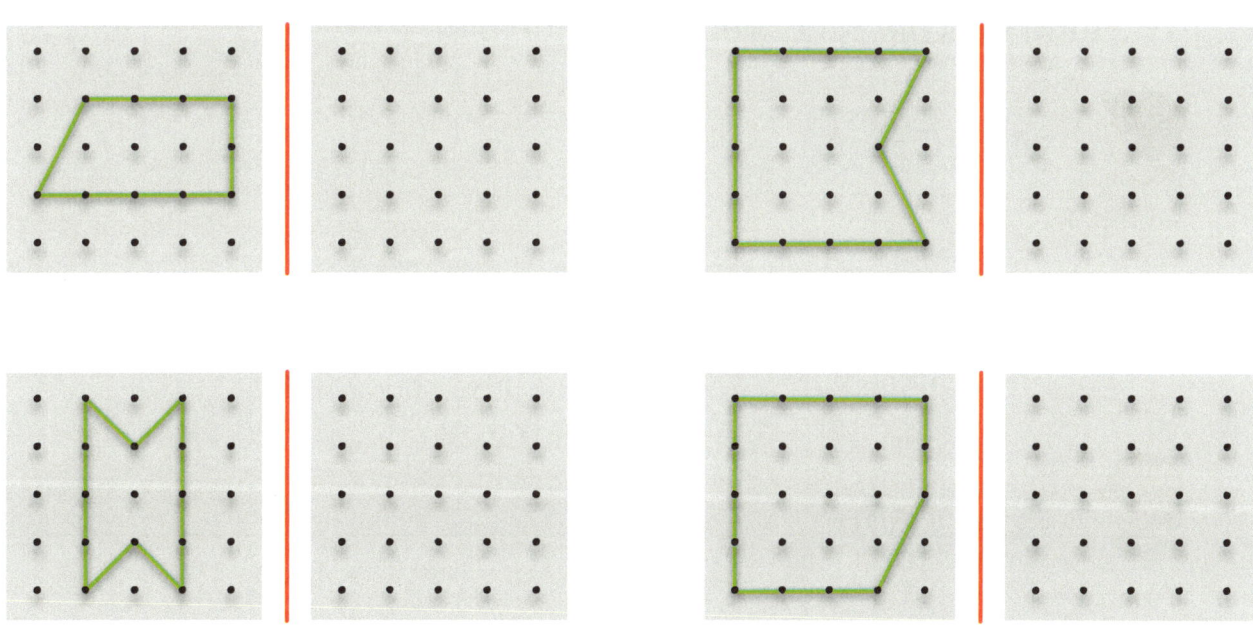

1 Gleiche Vierecke verbinden. Gedrehte, verschobene und gespielte gelten als gleich.   **2** Spiegelbilder zeichnen.

→ Schulbuch, Seiten 78/79

59

1 km = 1000 m

1 So lang sind die Schulwege. Verbinde.

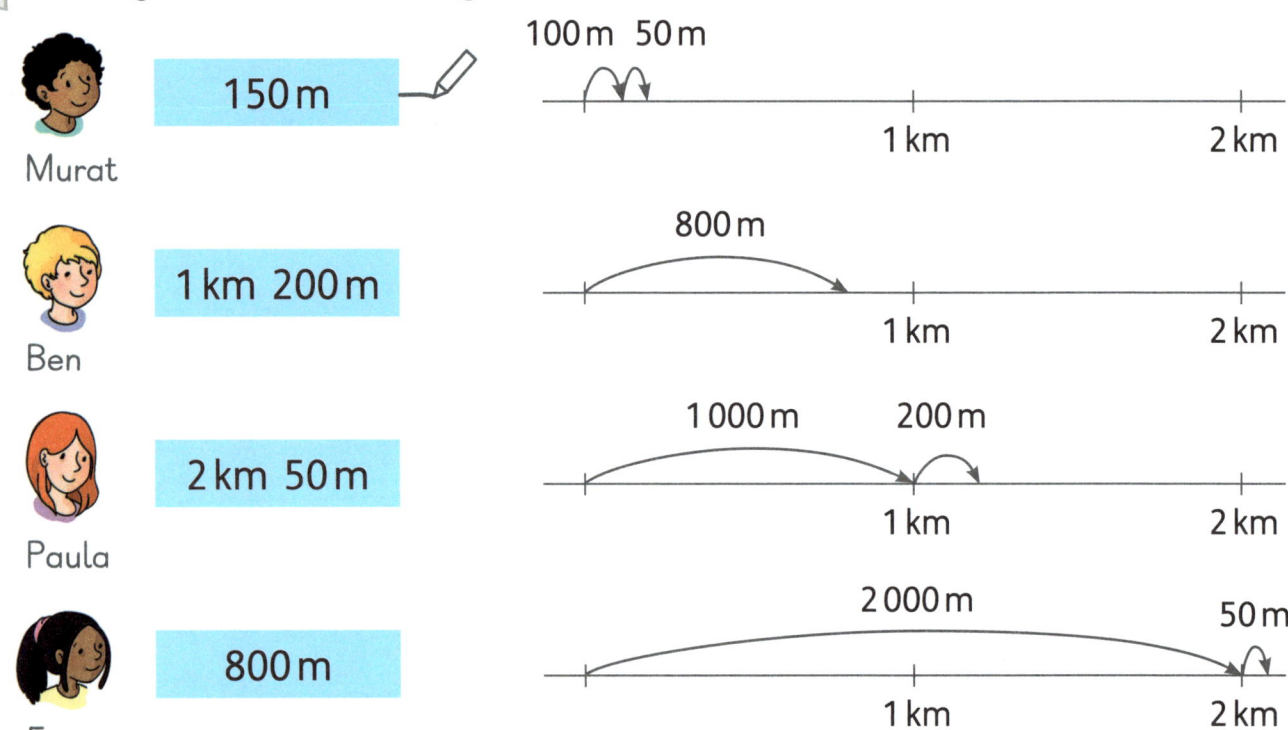

Murat — 150 m

Ben — 1 km 200 m

Paula — 2 km 50 m

Esra — 800 m

2 Wie lang sind die Schulwege? Zeichne ein.

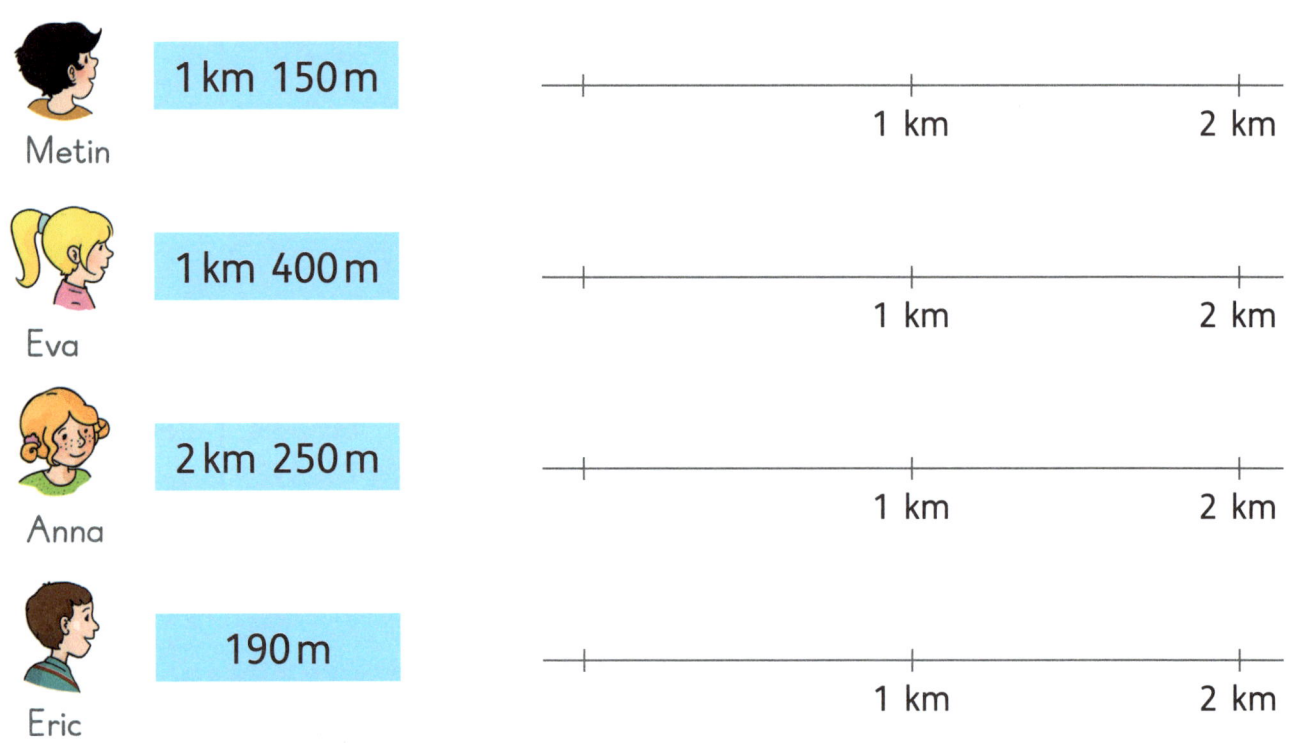

Metin — 1 km 150 m

Eva — 1 km 400 m

Anna — 2 km 250 m

Eric — 190 m

1 Schulwege in zwei verschiedenen Weisen lesen sowie Maßangaben und Darstellung verbinden. **2** Längenangaben lesen und auf den Rechenstrich übertragen.

→ Schulbuch, Seiten 82/83

Mit Entfernungen rechnen

1 Mila und Ben machen eine Radtour.

Tag 1: von Duisburg nach Oberhausen

Tag 2: von Oberhausen nach Bochum

Wie weit ist es
von Duisburg nach Bochum?

22 km +

```
        22 km            35 km
     ⌒              ⌒
  |──────────|──────────|
Duisburg   Oberhausen   Bochum
```

2 Mila und Ben fahren über Essen
zurück nach Duisburg.

Tag 3: von Bochum nach Essen

Tag 4: von Essen nach Duisburg

Wie weit ist es
von Bochum nach Duisburg?

21 km +

```
        30 km            21 km
     ⌒              ⌒
  |──────────|──────────|
Duisburg     Essen     Bochum
```

3 Wie viele Kilometer sind Mila und Ben insgesamt gefahren?

_____

4 Kreuze an. Welche Strecke ...

... ist am längsten?

☐ Bochum – Essen

☐ Essen – Duisburg

☐ Duisburg – Oberhausen

... ist am kürzesten?

☐ Bochum – Essen

☐ Essen – Duisburg

☐ Duisburg – Oberhausen

1, 2 Entfernungen addieren, ggf. Rechenstrich nutzen. **3** Hin- und Rückweg zusammenrechnen – ggf. mithilfe eines Rechenstrichs darstellen. **4** Streckenlängen vergleichen. Möglichkeit anbieten, die Entfernung einzutragen, zu vergleichen und dann anzukreuzen.

→ Schulbuch, Seiten 84/85

Bündele 10 Einer in 1 Zehner:

Z	E
2	4
+ 3	9
1	
6	1̶3̶
	3

24 + 39 = 63

1 Rechne schriftlich. Bündele und zeichne ein.

Z	E
4	8
+ 3	7

48 + 37 = _____

Z	E
+	

_____ + _____ = _____

H	Z	E
+		

_____ + _____ = _____

2 Rechne schriftlich.

Z	E
4	8
+ 3	7̶
1	
	5

Z	E
4	5
+ 3	7̶

H	Z	E
1	3	8
+ 1	0	9

H	Z	E
1	0	5
+ 1	2	5

1 Das Bündeln an der Einerstelle beschreiben und durchführen. **2** Schriftliche Addition mit Übertrag durchführen und notieren. Ggf. zeichnen die Kinder die Aufgaben auch in ihr Heft oder auf einen Zettel.

→ Schulbuch, Seiten 86/87

Schriftliche Addition

Bündele 10 Zehner in einen Hunderter:

186 + 63

H	Z	E
1	8	6
+	6	3
2	1̶4̶	9
	4	

186 + 63 = 249

1 Rechne schriftlich. Bündele und zeichne ein.

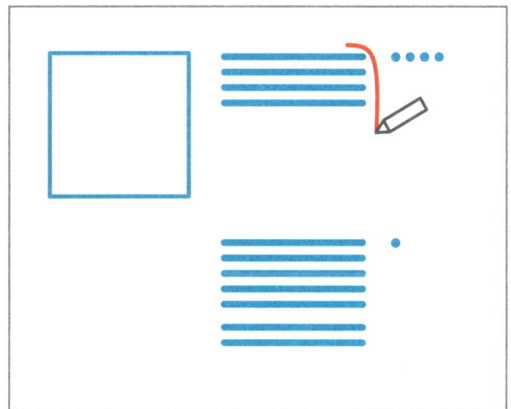

H	Z	E
1	4	4
+	7̶	1
		5

144 + 71 = _____

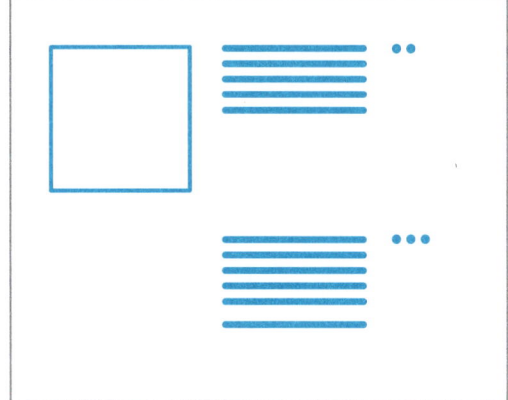

H	Z	E
+		

_____ + _____ = _____

2 Rechne schriftlich.

H	Z	E
1	7̶	5
+		2	3

H	Z	E
1	7̶	5
+		3	4

H	Z	E
1	7̶	5
+		4	5

H	Z	E
1	7̶	5
+		5	6

1 Das Bündeln auch an der Zehnerstelle beschreiben und durchführen. Umgang mit Null beachten. **2** Schriftliche Addition mit Übertrag durchführen und notieren. Ggf. zeichnen die Kinder die Aufgaben auch in ihr Heft oder auf einen Zettel.

→ Schulbuch, Seiten 86/87

Schriftlich addieren

1 Rechne schriftlich.

	H	Z	E
	1	4	6
+		2	7
		1	
			3

6 E + 7 E = 13 E.
Ich schreibe 3 und
übertrage 10 E.
Ich schreibe 1
bei den Zehnern.

Lilly

H	Z	E
1	2	9
+	3	7

H	Z	E
	6	4
+ 1	8	0

H	Z	E
	7	9
+	2	9

H	Z	E
1	0	5
+	9	6

H	Z	E
1	5	4
+	5	6

H	Z	E
1	2	4
+ 1	1	0

H	Z	E
1	1	6
+ 1	2	3

H	Z	E
1	0	4
+ 1	3	5

2 Schreibe stellengerecht untereinander. Rechne schriftlich.

129 + 45	57 + 136	113 + 128	126 + 118	162 + 87
H Z E	H Z E	H Z E	H Z E	H Z E
+	+	+	+	+

104 + 140	204 + 38	140 + 78	206 + 24	147 + 99
H Z E	H Z E	H Z E	H Z E	H Z E
+	+	+	+	+

1, 2 Verkürzte Schreibweise sichern. Schriftliche Addition mit Übertrag im Zahlenraum bis 250 üben. Auf Überträge und Nullen achten.

→ Schulbuch, Seite 88

Gemischte Übungen

1 Rechne schriftlich mit drei Zahlen.

	Z	E
	4	5
+	3	4
+	2	0

	H	Z	E
+			
+			

	Z	E
	2	6
+	2	5
+	4	5

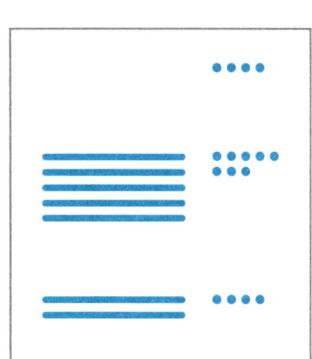

	H	Z	E
+			
+			

2 Rechne schriftlich.

	H	Z	E
	1	2	5
+		2	3
+		4	0

	H	Z	E
	1	0	4
+	1	2	0
+		2	3

	H	Z	E
		2	3
+		6	5
+	1	0	5

	H	Z	E
		7	4
+	1	3	1
+		4	3

	H	Z	E
	1	0	4
+	1	2	3
+		1	7

3 Schreibe stellengerecht untereinander. Rechne schriftlich.

113 + 52 + 14	17 + 120 + 51	36 + 22 + 141	14 + 20 + 56

	H	Z	E
	1	1	3
+		5	2
+		1	4

	H	Z	E
+			
+			

	H	Z	E
+			
+			

	H	Z	E
+			
+			

1, 2 Schriftlich rechnen mit drei Summanden.   **3** Stellengerechte Notation von drei Summanden.

→ Schulbuch, Seiten 90/91

Gemischte Übungen

Merke: | Schreibe stellengerecht untereinander. | Achte auf die Überträge.

1 Welche Rechnung ist richtig? Kreuze an und erkläre.

105 + 34

```
  1 0 5          1 0 5
+   3 4        +   3 4
---------      ---------
  4 4 5          1 3 9
```

☐ richtig   ☐ richtig
☐ falsch   ☐ falsch

138 + 42

```
  1 3 8          1 3 8
+   4 2        +   4 2
                    1
---------      ---------
  1 7 0          1 8 0
```

☐ richtig   ☐ richtig
☐ falsch   ☐ falsch

56 + 128

```
    5 6            5 6
+ 1 2 8        + 1 2 8
      1              1
---------      ---------
  1 8 4          2 7 4
```

☐ richtig   ☐ richtig
☐ falsch   ☐ falsch

75 + 165

```
    7 5            7 5
+ 1 6 5        + 1 6 5
      1            1 1
---------      ---------
  1 4 0          2 4 0
```

☐ richtig   ☐ richtig
☐ falsch   ☐ falsch

2 Finde die fehlenden Ziffern.

```
[0][3][8]        [0][2][4]        [1][2][7]        [0][1][2]

  1 2 5              2 4              3 8          1 8 0
+ 1 1 ▓          + 1 1 ▓        + 2 ▓ 2        +     ▓ 5
                                      1              1
---------        ---------      ---------      ---------
  2 3 8            1 3 6          2 5 0          2 0 5
```

1 Fehlermuster in den Aufgaben erkennen und den Hinweisen, worauf beim schriftlichen Addieren geachtet werden soll, zuordnen. **2** Fehlende Ziffer in der Lücke finden (ggf. mit einzelnen Ziffern Rechnungen durchführen und mit Ergebnis vergleichen).
→ Schulbuch, Seiten 90/91

1 Berechne die Streichzahlen. Welche Ergebnisse sind gleich?

⟨17⟩	2̶0̶
1|5	⟨23⟩

17	20
⟨15⟩	23

23	45
2	15

23	45
2	15

```
   1 7
 + 2 3
_____
```

```
     1 5
 +
_____
```

```
 +
_____
```

```
 +
_____
```

2	14
28	40

2	14
28	40

25	12
27	14

25	12
27	14

```
 +
_____
```

```
 +
_____
```

```
 +
_____
```

```
 +
_____
```

2 Streichquadrate. Berechne erst die Streichzahlen.
Rechne dann alle Randzahlen zusammen. Was fällt dir auf?

+	15	57
23	38	80
35	50	92

+	7	12
12	19	24
24	31	36

```
   5 0
 + 8 0
_____
```

```
   3 8
 + 9 2
_____
```

```
   3 5
 + 2 3
 + 1 5
 + 5 7
_____
```

```
 +
_____
```

```
 +
_____
```

```
 +
 +
 +
_____
```

1 Streichzahlen mit der Streichregel ermitteln und vergleichen. **2** Streichzahlen mit der Summe der Randzahlen vergleichen und erklären.
→ Schulbuch, Seite 94

67

1 Rechne schriftlich. Schreibe stellengerecht untereinander.

85 + 43	76 + 53	83 + 156	108 + 142

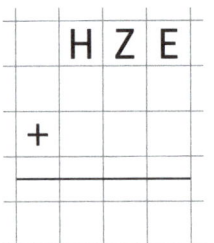   

2 Welche Ziffer passt?

0 1 2	0 2 3	1 3 4	0 1 2

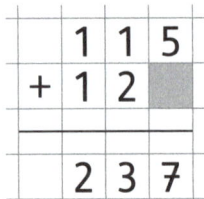 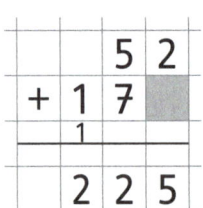 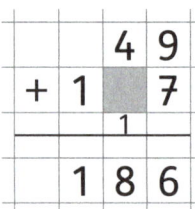 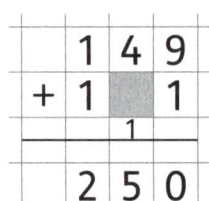

3 Welche Rechnung ist richtig? Kreuze an.

14 + 115 = 255	14 + 115 = 129
☐ richtig	☐ richtig
☐ falsch	☐ falsch

108 + 62 = 170	108 + 62 = 160
☐ richtig	☐ richtig
☐ falsch	☐ falsch

4 Zeichne die Länge des Schulweges ein.

1 km 150 m

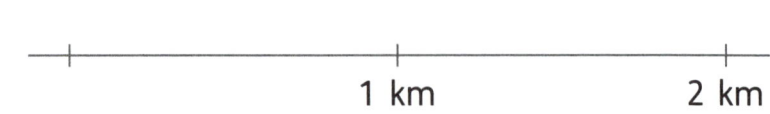

1 km   2 km

Wesentliche Inhalte des Kapitels noch einmal reflektieren, die eigenen Kompetenzen einschätzen.

→ Schulbuch, Seite 95

Zeitpunkte: Uhrzeiten

1 Wie spät ist es? Schreibe auf.

3.15 Uhr _____ _____ _____

15.15 Uhr _____ _____ _____

2 Zeichne den Stundenzeiger rot ein.

5.15 Uhr	15.15 Uhr	17.15 Uhr	7.15 Uhr

3.45 Uhr	13.45 Uhr	23.45 Uhr	0.45 Uhr

12.30 Uhr	0.30 Uhr	14.30 Uhr	2.30 Uhr

1 Uhrzeiten an der Uhr ablesen und aufschreiben. Zwei verschiedene Uhrzeiten benennen. **2** Vorgegebene Uhrzeiten an der Uhr einstellen.

→ Schulbuch, Seiten 89/99

69

Schriftliche Subtraktion: Auffüllen

Ben   Start   [108 km]   Ben   Ziel   [243 km]

1 Wie viele Kilometer ist Ben gefahren?

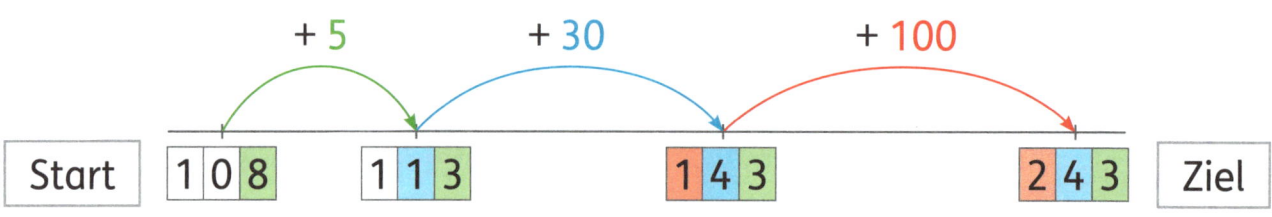

+ 5   + 30   + 100

Start | 1 0 8 | 1 1 3 | 1 4 3 | 2 4 3 | Ziel

$5 + 30 + 100 = \underline{135}$

$108 + \underline{135} = 243$

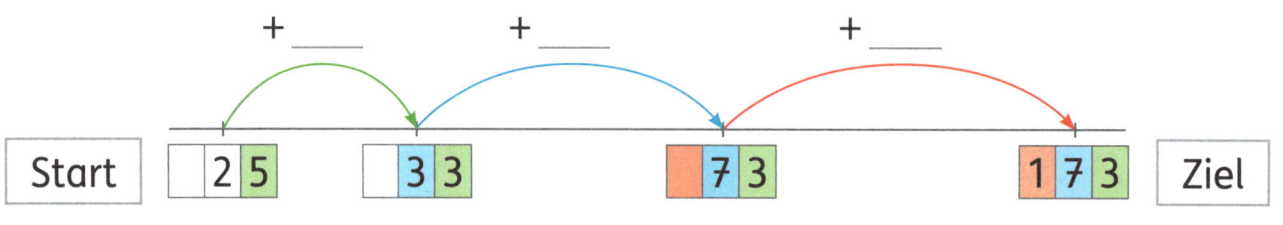

+ ___   + ___   + ___

Start | 2 5 | 3 3 | 7 3 | 1 7 3 | Ziel

____ + ____ + ____ = ____

$25 + \underline{} = 173$

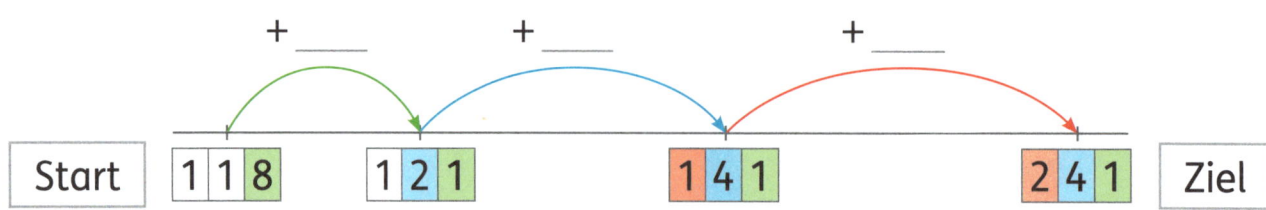

+ ___   + ___   + ___

Start | 1 1 8 | 1 2 1 | 1 4 1 | 2 4 1 | Ziel

____ + ____ + ____ = ____

$118 + \underline{} = 241$

1 Vorbereitung der schriftlichen Subtraktion durch stellenweises Ergänzen am Rechenstrich mit der Vorstellung des Zählermodells.
→ Schulbuch, Seite 102

Schriftliche Subtraktion: Auffüllen

183 − 59

1. Ergänze zum passenden Einer.

$9E + 4E = 13E$

H	Z	E
1	8	3
−	5	9
	1	
		4

Übertrage 1 zum Zehner.

2. Ergänze zum passenden Zehner.

$6Z + 2Z = 8Z$

H	Z	E
1	8	3
−	5	9
	1	
	2	4

3. Ergänze zum passenden Hunderter.

$0H + 1H = 1H$

H	Z	E
1	8	3
−	5	9
	1	
1	2	4

1 241 − 18. Rechne schriftlich von ☐0☐1☐8 bis ☐2☐4☐1.

H	Z	E
2	4	1
−	1	8

H	Z	E
2	4	1
−	1	8
	1	
		3

H	Z	E
2	4	1
−	1	8
	1	
	2	3

2 Rechne schriftlich.

Z	E
8	7
− 5	3
	4

Zuerst von 3 bis 7, also
3 + 4 = 7. Schreibe 4.
Jetzt die Zehner.
5 + ___ = 8.

Anton

Z	E
8	7
− 5	7

Z	E
8	7
− 6	1

Z	E
8	7
− 6	5

Z	E
8	7
− 6	9

Z	E
8	7
− 7	3

H	Z	E
1	9	5
−	5	5

H	Z	E
1	9	5
−	6	7

H	Z	E
1	9	5
−	7	9

H	Z	E
1	9	5
−	9	1

H	Z	E
1	9	5
− 1	0	3

1 Schriftliche Subtraktion als Auffüllverfahren aus dem stellenweisen Ergänzen am Rechenstrich ableiten und üben. Überträge in die Zehnerstelle verdeutlichen und besprechen. **2** Verkürzte Form besprechen und durchführen (ggf. gleichzeitig am Rechenstrich mithilfe des Zählermodells darstellen).

→ Schulbuch, Seiten 102/103

Schriftliche Subtraktion: Auffüllen

1 245 − 82. Rechne schriftlich von $\boxed{0}\boxed{8}\boxed{2}$ bis $\boxed{2}\boxed{4}\boxed{5}$.

H	Z	E
2	4	5
−	8	2

H	Z	E
2	4	5
−	8	2
		3

H	Z	E
2	4	5
−	8	2
1		
	6	3

2 226 − 64. Rechne schriftlich von $\boxed{0}\boxed{6}\boxed{4}$ bis $\boxed{2}\boxed{2}\boxed{6}$.

H	Z	E
2	2	6
−	6	4

H	Z	E
2	2	6
−	6	4
		2

H	Z	E
2	2	6
−	6	4
1		
	6	2

3 Rechne schriftlich.

H	Z	E
2	2	3
− 1	9	2
1		
	3	1

Zuerst 2 + 1 = 3. Schreibe 1.
Jetzt die Zehner. Von 9 weiter bis 2
geht nicht, also bis 12. Schreibe 3.
Übertrage 1 zum Hunderter.
Also 2 + 0 = 2.

Marta

H	Z	E
2	3	5
−	5	2

H	Z	E
1	5	6
−	9	4

H	Z	E
1	4	7
−	4	2

H	Z	E
2	3	5
− 1	7	6

H	Z	E
1	1	5
−	7	2

H	Z	E
2	2	7
− 1	7	2

H	Z	E
1	5	9
− 1	0	5

H	Z	E
2	0	7
− 1	8	5

H	Z	E
1	0	5
−	7	7

H	Z	E
2	0	3
− 1	0	8

1, 2 Schriftliche Subtraktion als Auffüllverfahren aus dem stellenweisen Ergänzen am Rechenstrich ableiten und üben. Überträge in die Hunderterstelle verdeutlichen und besprechen. **3** Verkürzte Form besprechen und durchführen (ggf. gleichzeitig am Rechenstrich mithilfe des Zählermodells darstellen).
→ Schulbuch, Seiten 102/103

Schriftlich subtrahieren

1 Rechne schriftlich. Achte auf die Nullen.

H	Z	E
2	0	7
– 1	0	4

H	Z	E
2	0	5
– 1	0	2

H	Z	E
1	8	0
–	5	0

H	Z	E
2	4	0
– 1	3	0

H	Z	E
2	0	8
– 1	0	8

H	Z	E
2	0	3
– 1	0	4

H	Z	E
2	0	9
– 2	0	6

H	Z	E
2	1	0
– 1	6	0

H	Z	E
1	5	0
–	8	0

H	Z	E
2	2	0
–	3	0

2 Rechne schriftlich. Schreibe stellengerecht untereinander.

235 – 13	235 – 34	235 – 55	235 – 76

H	Z	E
2	3	5
–	1	3

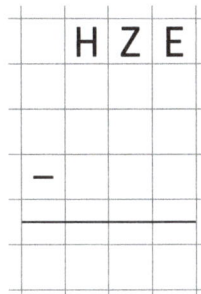

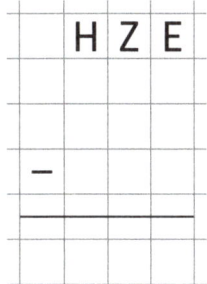

224 – 118	224 – 139	224 – 160	224 – 181

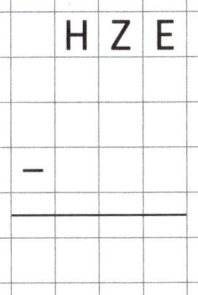

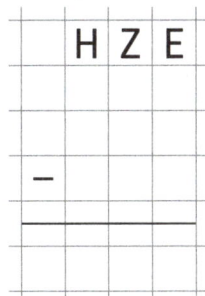

1, 2 Verkürzte Schreibweise sichern. Schriftliche Subtraktion mit Übertrag im Zahlenraum bis 250 üben. Auf Überträge und Nullen achten.

→ Schulbuch, Seite 104

73

Merke: | Schreibe stellengerecht untereinander. | Achte auf die Überträge.

1 Welche Rechnung ist richtig? Kreuze an und erkläre.

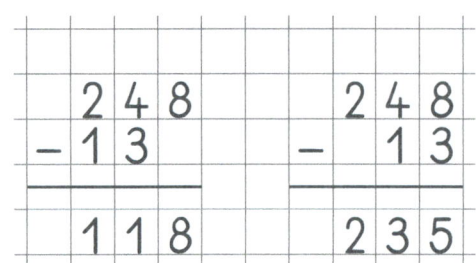

248 − 13

```
  2 4 8        2 4 8
−   1 3     −   1 3
─────────   ─────────
  1 1 8        2 3 5
```

☐ richtig   ☐ richtig
☐ falsch   ☐ falsch

120 − 67

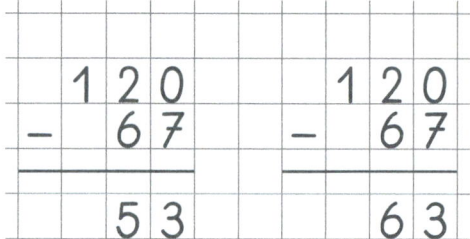

```
  1 2 0        1 2 0
−   6 7     −   6 7
─────────   ─────────
    5 3          6 3
```

☐ richtig   ☐ richtig
☐ falsch   ☐ falsch

205 − 19

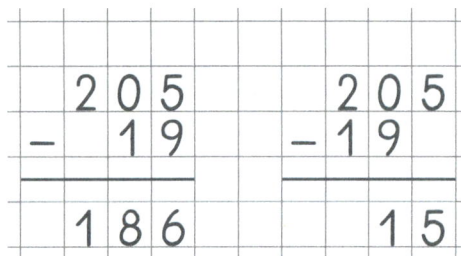

```
  2 0 5        2 0 5
−   1 9     −   1 9
─────────   ─────────
  1 8 6          1 5
```

☐ richtig   ☐ richtig
☐ falsch   ☐ falsch

234 − 32

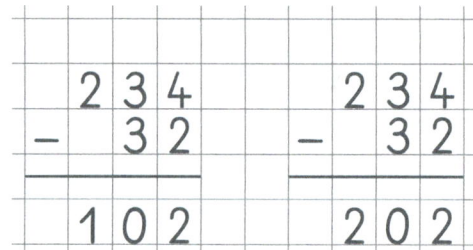

```
  2 3 4        2 3 4
−   3 2     −   3 2
─────────   ─────────
  1 0 2        2 0 2
```

☐ richtig   ☐ richtig
☐ falsch   ☐ falsch

2 Finde die fehlenden Ziffern.

0 3 8   0 2 4   1 2 7   0 1 2

```
  8 5          9 7          7 8        1 8 7
− 1 ▮        − 3 ▮        − ▮ 2      − ▮ 5
─────        ─────        ─────      ───────
  7 2          6 3          6 6        1 6 2
```

1, 2 Fehlermuster in den Aufgaben erkennen und den Hinweisen, worauf beim schriftlichen Subtrahieren geachtet werden soll, zuordnen. 2 Fehlende Ziffer in der Lücke finden (ggf. mit einzelnen Ziffern Rechnungen durchführen und mit Ergebnis vergleichen).
→ Schulbuch, Seite 107

Forschen und Finden: Umkehrzahlen

1 Immer zwei Zahlen mit denselben zwei Ziffern.

Berechne die Unterschiede.

5	6

```
  Z E
  6 5
- 5 6
-----
```

2	6

```
  Z E
  6 2
- 2 6
-----
```

1	7

```
  Z E
  7 1
- 1 7
-----
```

Eva

6	8

```
  Z E
  8 6
- 6 8
-----
```

3	6

```
  Z E
  6 3
- 3 6
-----
```

2	7

```
  Z E
  7 2
- 2 7
-----
```

3	5

```
  Z E
  5 3
- 3 5
-----
```

4	9

```
  Z E
  9 4
- 4 9
-----
```

2 Schöne Päckchen. Setze fort. Was fällt dir auf?

```
  9 1
- 1 9
-----
```

```
  9 2
- 2 9
-----
```

```
  9 3
- 3 9
-----
```

```
  9 4
- 4 9
-----
```

```
-
```

```
  7 6
- 6 7
-----
```

```
  7 5
- 5 7
-----
```

```
  7 4
- 4 7
-----
```

```
  7 3
- 3 7
-----
```

```
-
```

---

1 Verschiedene Differenzen zwischen Umkehrzahlen ermitteln. Erkennen, welche Ergebnisse auftreten können (Ergebnisse aus der 9er-Reihe; mehrere Aufgaben zu einem Ergebnis möglich). Weitere Aufgaben mit verschiedenen Ergebnissen finden und ordnen. **2** Systematische Veränderungen erkennen, fortsetzen und beschreiben.
→ Schulbuch, Seite 110

1

6 5	8 2	1 6 3	2 5 0
− 4 2	− 5 4	− 5 3	− 1 0 9

2 Rechne schriftlich. Schreibe stellengerecht untereinander.

75 − 47	206 − 53	247 − 139	106 − 96

3 Welche Rechnung ist richtig? Kreuze an.

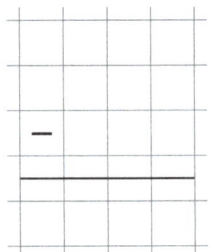

2 4 1
− 1 3
2 2 8

2 4 1
− 1 3
1 1 1

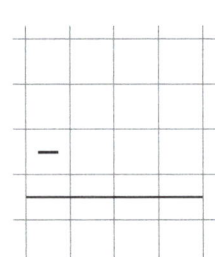

2 3 5
− 1 0 9
1 3 4

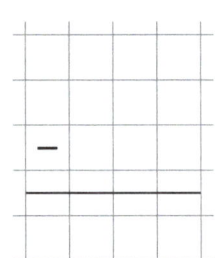

2 3 5
− 1 0 9
1 2 6

☐ richtig   ☐ richtig   ☐ richtig   ☐ richtig
☐ falsch   ☐ falsch   ☐ falsch   ☐ falsch

4 Wie spät ist es? Schreibe beide Uhrzeiten auf.

 _____ Uhr
_____ Uhr

 _____ Uhr
_____ Uhr

Wesentliche Inhalte des Kapitels noch einmal reflektieren, die eigenen Kompetenzen einschätzen.
→ Schulbuch, Seite 111

1 Wie weit springen die Kinder? Verbinde.

Anna — 2 m 21 cm ✏️   180 cm — 1 m — 2 m — 3 m

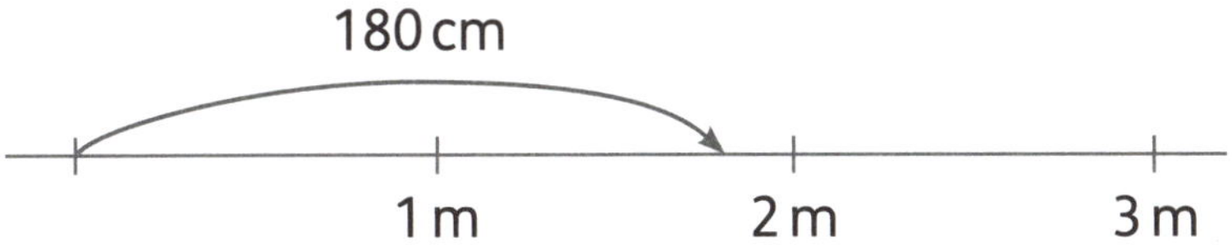

Till — 2 m 40 cm   204 cm — 1 m — 2 m — 3 m

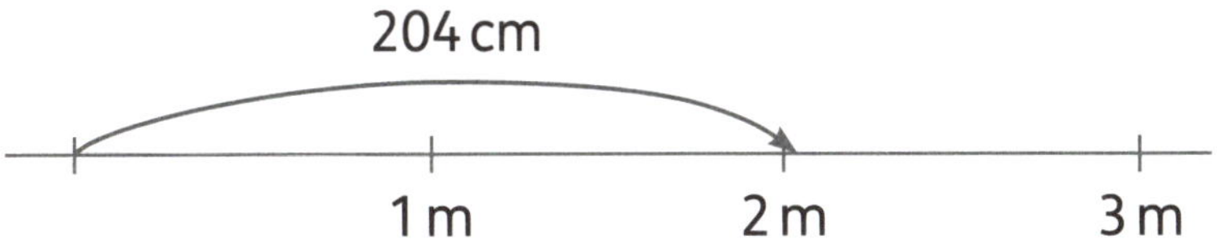

Metin — 2 m 13 cm   213 cm — 1 m — 2 m — 3 m

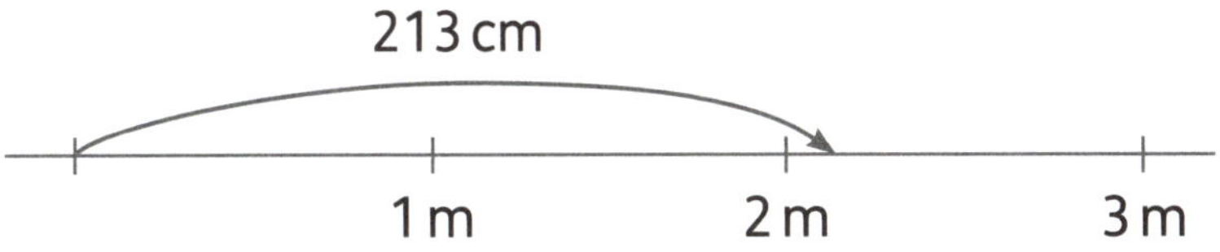

Lilly — 1 m 80 cm   221 cm — 1 m — 2 m — 3 m

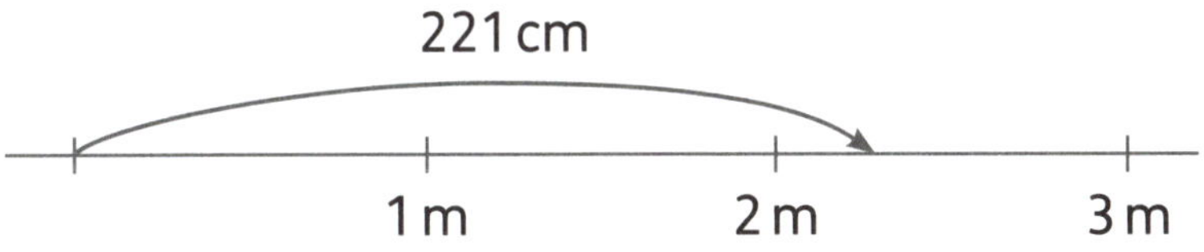

Noah — 2 m 4 cm   240 cm — 1 m — 2 m — 3 m

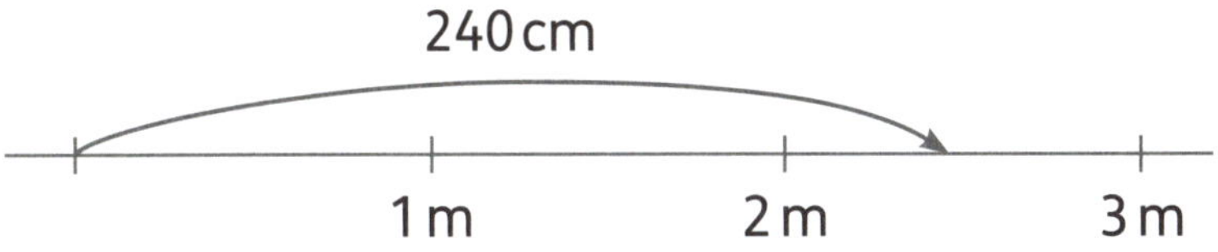

2 Wer springt weiter? Kreuze an.

| Anna ☐ | Till ☐ | Anna ☐ | Lilly ☐ | Anna ☐ | Noah ☐ |
| Metin ☐ | Till ☐ | Metin ☐ | Lilly ☐ | Metin ☐ | Noah ☐ |

1 Sprungweiten in zwei verschiedenen Weisen lesen sowie Maßangaben und Darstellung verbinden. **2** Maßangaben lesen und vergleichen; ggf. weitere Sprungweiten erproben, messen und aufzeichnen.

→ Schulbuch, Seiten 112/113

Geschicktes Addieren und Subtrahieren

1 Welche Plusaufgabe rechnest du schriftlich (S), welche im Kopf (K)?
Kreuze an und rechne.

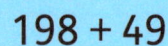

198 + 49

☒ S ☐ K

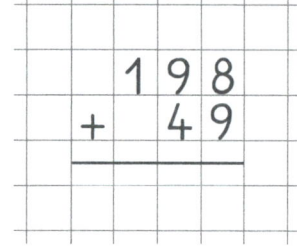

```
  1 9 8
+   4 9
————————
```

138 + 98

☐ S ☐ K

100 + 140

☐ S ☐ K

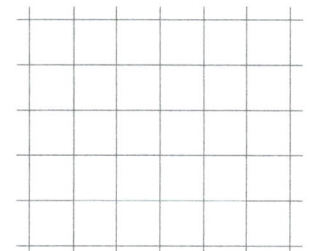

102 + 9

☐ S ☐ K

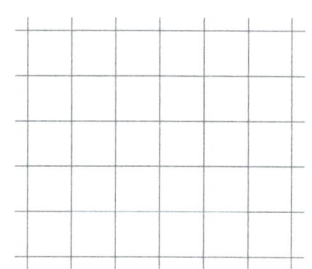

2 Welche Minusaufgabe rechnest du schriftlich (S), welche im Kopf (K)?
Kreuze an und rechne.

198 – 49

☒ S ☐ K

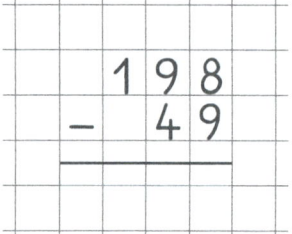

```
  1 9 8
–   4 9
————————
```

138 – 98

☐ S ☐ K

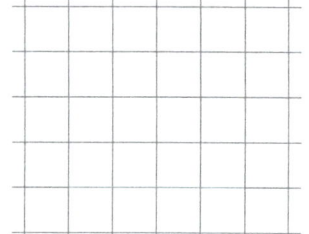

140 – 100

☐ S ☐ K

102 – 9

☐ S ☐ K

1, 2 Aufgaben dahingehend unterscheiden, ob schriftlich oder halbschriftlich bzw. im Kopf gerechnet wird.
→ Schulbuch, Seiten 118/119

Gemischte Übungen

1 Vergleiche die Zahlenmauern. Was fällt dir auf?

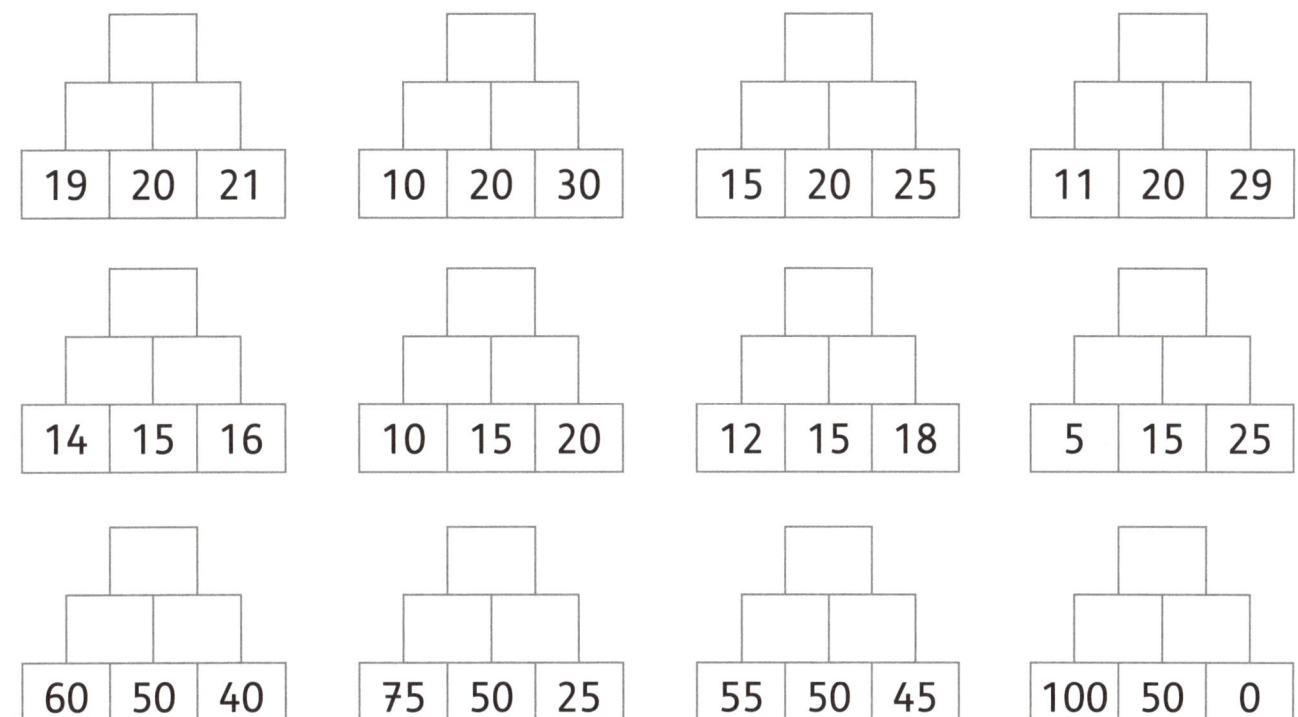

19	20	21
10	20	30
15	20	25
11	20	29

14	15	16
10	15	20
12	15	18
5	15	25

60	50	40
75	50	25
55	50	45
100	50	0

2 Zahlenmauern mit gleichen Grundsteinen.

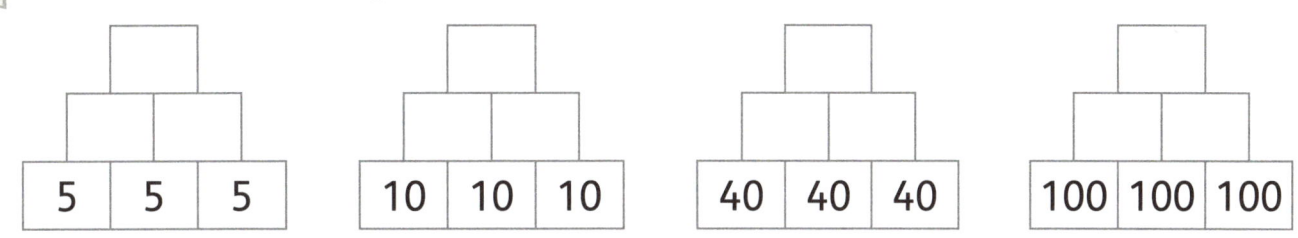

5	5	5
10	10	10
40	40	40
100	100	100

3 Finde Zahlenmauern zum gleichen Deckstein.

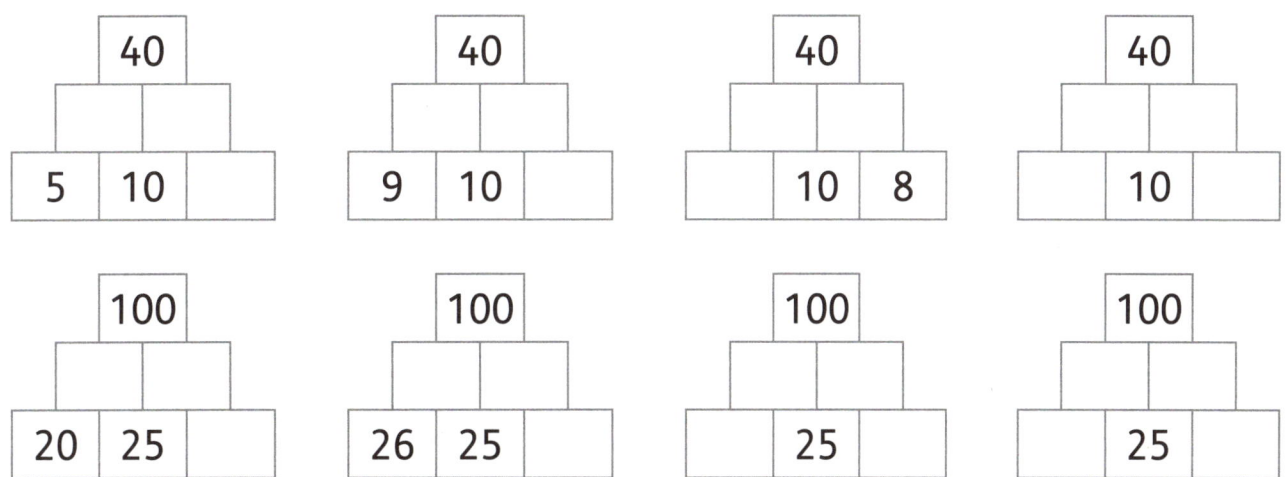

40 — 5 10
40 — 9 10
40 — 10 8
40 — 10

100 — 20 25
100 — 26 25
100 — 25
100 — 25

1 Zusammenhänge zwischen mittleren Steinen und Grundsteinen beschreiben. **2** Decksteine von Zahlenmauern mit denselben Grundsteinen untersuchen. **3** Zahlenmauern mit gleichen mittleren Grundsteinen finden. Zusammenhänge zwischen Deckstein und Grundsteinen erkennen, wenn diese in einer Zahlenfolge zueinanderstehen (Deckstein ist das Vierfache des mittleren Grundsteins).

→ Schulbuch, Seite 120

79

1 Rechne und vergleiche.

$4 \cdot 5 =$ _____

$4 \cdot 5 Z =$ _____ Z $4 \cdot 50 =$ _____

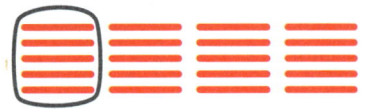

$4 \cdot \quad =$ _____

$4 \cdot \quad Z =$ _____ Z $4 \cdot \quad =$ _____

$6 \cdot 3 =$ _____	$5 \cdot 5 =$ _____	$5 \cdot 4 =$ _____	$3 \cdot 6 =$ _____
$6 \cdot 3Z =$ _____	$5 \cdot 5Z =$ _____	$5 \cdot 4Z =$ _____	$3 \cdot 6Z =$ _____
$6 \cdot 30 =$ _____	$5 \cdot 50 =$ _____	$5 \cdot 40 =$ _____	$3 \cdot 60 =$ _____

2 Rechne und vergleiche.

$7 \cdot 30 =$ _____	$8 \cdot 20 =$ _____	$12 : 3 =$ _____	$20 : 4 =$ _____
$70 \cdot 3 =$ _____	$80 \cdot 2 =$ _____	$120 : 30 =$ _____	$200 : 40 =$ _____

3 Schöne Päckchen. Beschreibe und setze fort.

$2 \cdot 50 =$ _____	$5 \cdot 50 =$ _____	$20 \cdot 3 =$ _____
$3 \cdot 50 =$ _____	$5 \cdot 40 =$ _____	$30 \cdot 3 =$ _____
$4 \cdot 50 =$ _____	$5 \cdot 30 =$ _____	$40 \cdot 3 =$ _____
____ $\cdot$ ____ $=$ _____	____ $\cdot$ ____ $=$ _____	____ $\cdot$ ____ $=$ _____

$150 : 30 =$ _____	$240 : 40 =$ _____	$60 : 30 =$ _____
$180 : 30 =$ _____	$200 : 40 =$ _____	$120 : 30 =$ _____
$210 : 30 =$ _____	$160 : 40 =$ _____	$180 : 30 =$ _____
____ $:$ ____ $=$ _____	____ $:$ ____ $=$ _____	____ $:$ ____ $=$ _____

1 Lösen von Aufgaben aus dem Zehnereinmaleins mithilfe von Aufgaben aus dem kleinen Einmaleins.   **2** Vertiefung der Beziehungen zwischen Multiplikationsaufgaben beim Einmaleins und Zehnereinmaleins bzw. den entsprechenden Divisionsaufgaben.   **3** Schöne Päckchen beschreiben und fortsetzen.

→ Schulbuch, Seiten 122/123

Gleichungen und Ungleichungen

1 Vergleiche. < oder > oder =?

10 · 4 ◯ 50   7 · 7 ◯ 50

10 · 5 ◯ 50   8 · 7 ◯ 50

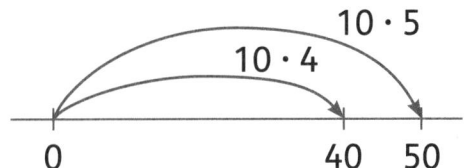   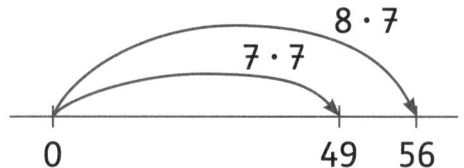

10 · 10 ◯ 100   10 · 9 ◯ 100   3 · 40 ◯ 100

10 · 20 ◯ 100   11 · 9 ◯ 100   3 · 30 ◯ 100

6 · 30 ◯ 200   4 · 40 ◯ 200   2 · 90 ◯ 200

7 · 30 ◯ 200   4 · 50 ◯ 200   2 · 100 ◯ 200

2 Welche Zahlen passen? Schreibe auf. ⬚0⬚ ⬚1⬚ ⬚2⬚ ⬚3⬚ ⬚4⬚ ⬚5⬚ ⬚6⬚ ⬚7⬚ ⬚8⬚ ⬚9⬚

◼ · 30 < 150   ◼ · 50 < 150   ◼ · 20 < 120

0, 1, 2, 3, 4 _____   _____   _____

◼ · 60 < 150   ◼ · 40 < 150   ◼ · 40 < 120

_____   _____   _____

3

50 : 5 ◯ 10   90 : 9 ◯ 10   70 : 7 ◯ 20

60 : 5 ◯ 11   99 : 9 ◯ 9   140 : 7 ◯ 20

150 : 5 ◯ 50   180 : 6 ◯ 30   240 : 6 ◯ 50

150 : 3 ◯ 50   180 : 3 ◯ 30   240 : 4 ◯ 50

80 : 4 ◯ 25   120 : 60 ◯ 20   160 : 40 ◯ 4

100 : 4 ◯ 25   120 : 6 ◯ 20   160 : 4 ◯ 4

1, 3 Mal- und Geteiltaufgaben mit Ergebnissen vergleichen. Beziehungen zwischen den Aufgaben nutzen. **2** Passende Zahlen finden und erklären, welche Zahl zuletzt möglich ist.

→ Schulbuch, Seiten 126/127

Forschen und Finden: Zahlenmuster

1 Setze fort. Wie viele 🔴?

1.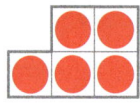

   3

2.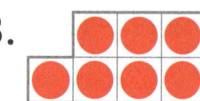

   ___

3.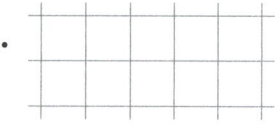

   ___

4.

   ___

Wie viele Punkte haben die nächsten Bilder?

5. Bild: ___   6. Bild: ___   7. Bild: ___

2 Setze fort. Wie viele 🔴? Wie viele 🔵?

1.

   1
   2

2.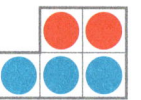

   ___
   ___

3.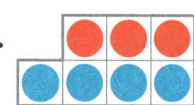

   ___
   ___

4.

   ___
   ___

Wie viele Punkte haben die nächsten Bilder?

5. Bild: ___   6. Bild: ___   7. Bild: ___

   ___   ___   ___

3

1.

   1
   1

2.

   ___
   ___

3.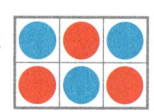

   ___
   ___

4.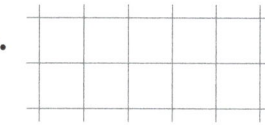

   ___
   ___

Wie viele Punkte haben die nächsten Bilder?

5. Bild: ___   6. Bild: ___   7. Bild: ___

   ___   ___   ___

1–3 Struktur der Muster erkennen und fortsetzen. Anzahlen ermitteln und vergleichen. Muster fortsetzen und legen sowie die Anzahl der jeweiligen Plättchen ermitteln. Veränderungen erkennen.
→ Schulbuch, Seite 128

Rückblick

1 Rechne schriftlich (S) oder im Kopf (K)?
Kreuze an und rechne.

98 + 39	214 − 67	201 − 150
☐ S ☐ K	☐ S ☐ K	☐ S ☐ K

2 Multiplizieren und Dividieren.

6 · 4 = _____   8 · 4 = _____   3 · 7 = _____

6 · 40 = _____   80 · 4 = _____   3 · 70 = _____

12 : 3 = _____   15 : 5 = _____   140 : 70 = _____

120 : 30 = _____   150 : 5 = _____   140 : 7 = _____

3 Vergleiche. < oder > oder =?

2 · 20 ◯ 50   10 · 5 ◯ 55   180 : 3 ◯ 50

3 · 20 ◯ 50   12 · 5 ◯ 55   120 : 3 ◯ 50

4 Wie weit springen die Kinder? Verbinde.

Anna   2 m 20 cm

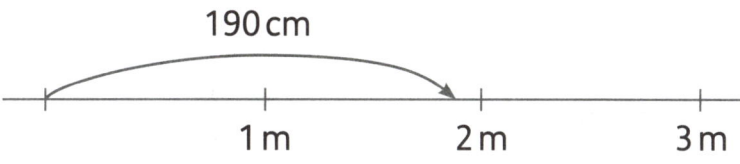
190 cm
1 m   2 m   3 m

Metin   1 m 90 cm

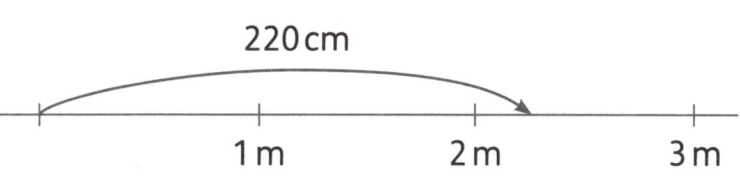
220 cm
1 m   2 m   3 m

Wesentliche Inhalte des Kapitels noch einmal reflektieren, die eigenen Kompetenzen einschätzen.
→ Schulbuch, Seite 129

1 Verbinde. Welche Ansicht gehört zu welchem Kind?

2

3 Zeichne die Seitenansichten.

1, 2 Seitenansichten von einem Würfelgebäude den unterschiedlichen Seiten zuordnen. **3** Seitenansichten von einem Würfelgebäude zeichnen. Ggf. Würfelgebäude nachbauen.

→ Schulbuch, Seiten 134/135

Schriftliche Subtraktion: Entbündeln

1. Lege 164.	**2. Entbündele 1 Z in 10 E.**	**3. Nimm 8 Einer weg.**

H	Z	E
1	6	4
−		8

4 E − 8 E geht nicht.

H	Z	E
1	6̸ ⁵	4 ¹⁰
−		8

Jetzt sind es 5 Z und 14 E.

H	Z	E
1	6̸ ⁵	4 ¹⁰
−		8
1	5	6

14 E − 8 E = 6 E

---

1 142 − 8. Lege und rechne schriftlich.

Lege 142. **Entbündele 1 Z.** **Nimm 8 E weg.**

 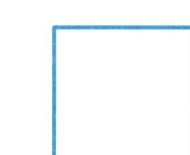 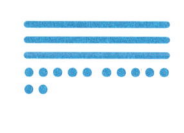

H	Z	E
1	4	2
−		8

H	Z	E
1	4̸ ³	2 ¹⁰
−		8

H	Z	E
1	4̸ ³	2 ¹⁰
−		8

---

2 135 − 7. Lege und rechne schriftlich.

    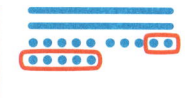

H	Z	E
1	3	5
−		7

H	Z	E
1	3	5
−		7

H	Z	E
1	3	5
−		7

1, 2 Schriftliche Subtraktion als Abziehverfahren mit dem stellenweisen Entbündeln am Minuenden entwickeln und mit der Stellentafel erklären. Entbündeln als „Umwechseln" von einer größeren Stelle in eine kleinere Stelle erklären. Die Sprech- und Schreibweise verdeutlichen und üben.

→ Schulbuch, Seiten 142/143

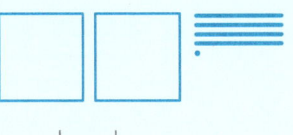

1. Lege 241.

2. Entbündele 1 H in 10 Z.

3. Nimm 5 Zehner weg.

H	Z	E
2	4	1
−	5	0
		1

1 E − 0 E = 1 E.
4 Z − 5 Z geht nicht.

H	Z	E
₁2̸	₁₀4	1
−	5	0
		1

Jetzt sind es 1 H und 14 Z.

H	Z	E
₁2̸	₁₀4	1
−	5	0
1	9	1

14 Z − 5 Z = 9 Z

---

1 234 − 50. Lege und rechne schriftlich.

 Lege 234.

Entbündele 1 H und nimm 5 Z weg.

H	Z	E
2	3	4
−	5	0

H	Z	E
2	3	4
−	5	0

---

2 206 − 50. Lege und rechne schriftlich.

H	Z	E
2	0	6
−	5	0

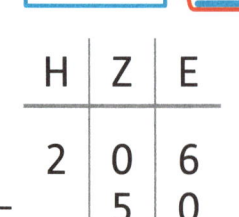

H	Z	E
2	0	6
−	5	0

1, 2 Schriftliche Subtraktion als Abziehverfahren mit dem stellenweisen Entbündeln am Minuenden entwickeln und mit der Stellentafel erklären. Entbündeln als „Umwechseln" von einer größeren Stelle in eine kleinere Stelle erklären. Die Sprech- und Schreibweise verdeutlichen und üben.

→ Schulbuch, Seiten 142/143

1 Wie heißen die Zahlen? Vergleiche.

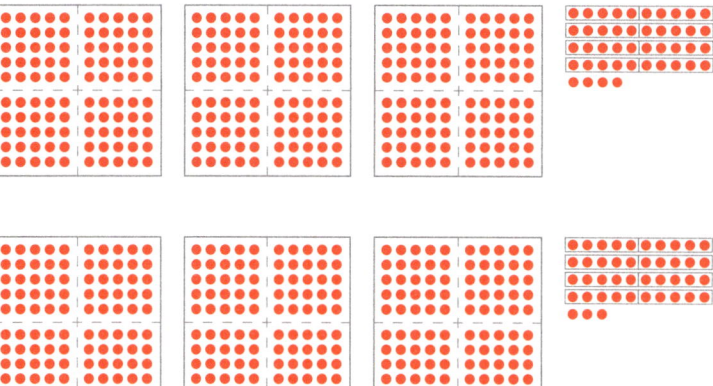

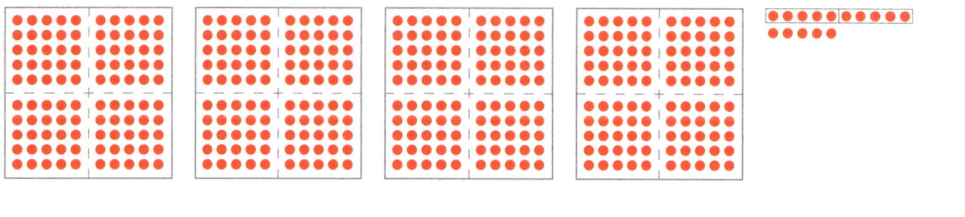

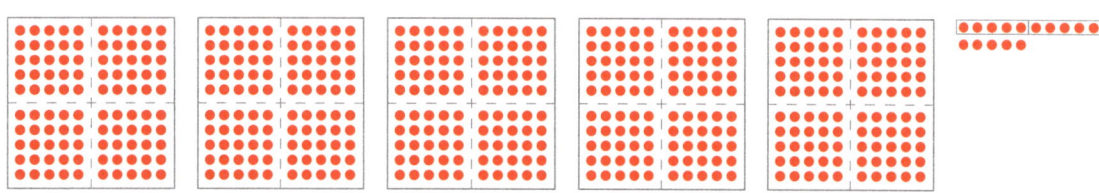

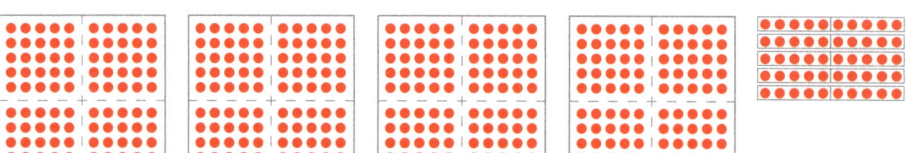

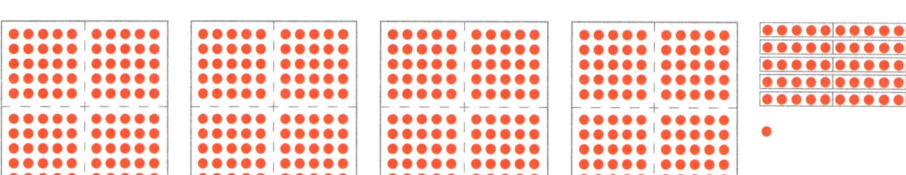

1 Anzahlen bestimmen und vergleichen. Zahlenkarten beschriften.

Zahlen bis 1000

1 Wie heißen die Zahlen? Schreibe die Aufgabe und die Zahl.

$300 + 20 + 5 = 325$

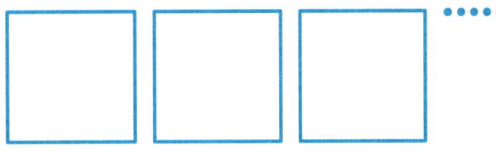

_____

_____

_____

2

_____

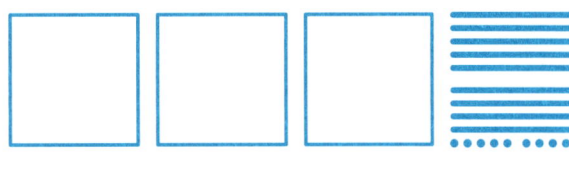

_____

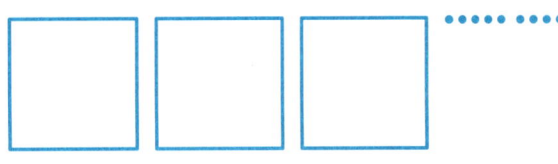

_____

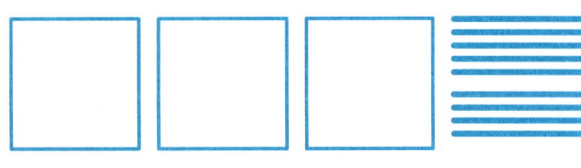

_____

3 Zeichne die Zahlbilder.

$200 + 10 + 5 = \underline{215}$

$300 + 10 + 5 = \underline{}$

$200 + 5 = \underline{}$

$300 + 10 = \underline{}$

1, 2 Gesamtanzahlen anhand von Zahlbildern ablesen und berechnen.   3 Zahlbilder zeichnen, Gesamtanzahlen berechnen.

1 Schreibe die Zahlen in die Stellentafel und zerlege.

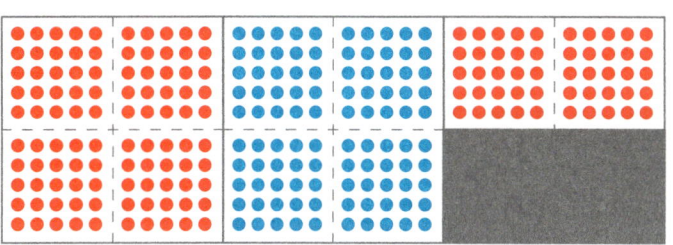

H	Z	E
2	5	0

$$250 = 200 + 50$$

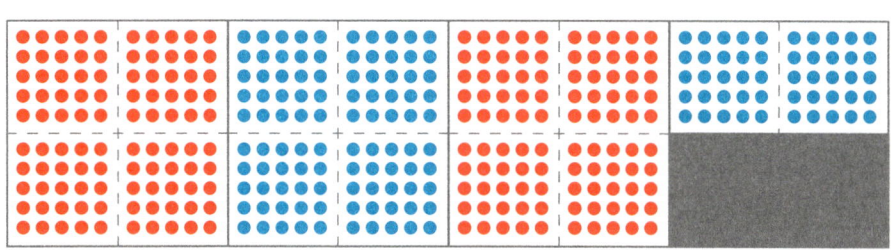

H	Z	E

=

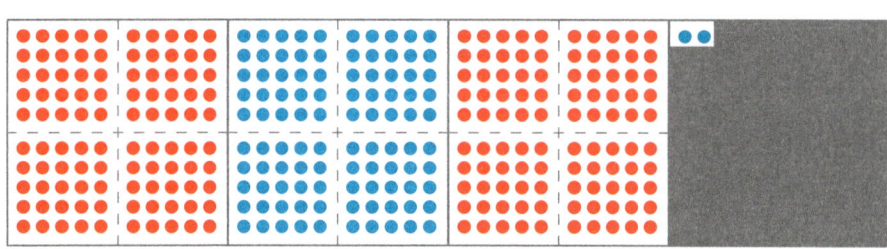

H	Z	E

=

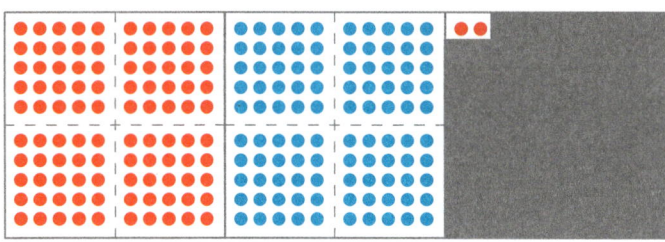

H	Z	E

=

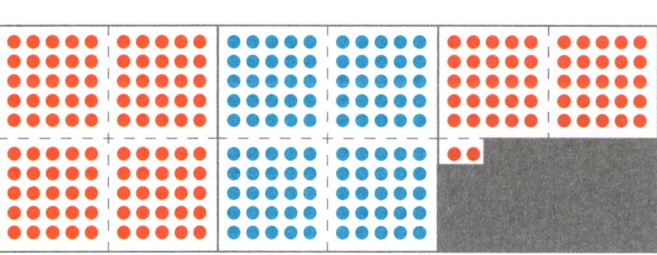

H	Z	E

=

1 Zahlbilder lesen. Zahlen in Stellentafel und als Aufgabe notieren.

89

Einfache Plusaufgaben bis 1000

1 Immer Hunderter weiter. Wie rechnest du? Zeichne und rechne.

$$130 + 200 = \rule{2cm}{0.4pt}$$

Anton

Erst plus 100, das sind 230. Und dann noch einmal 100 weiter.

Ich gehe sofort 200 weiter und zeichne nur einen Bogen.

Esra

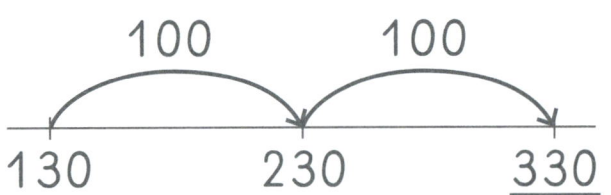

100   100

130   230   330

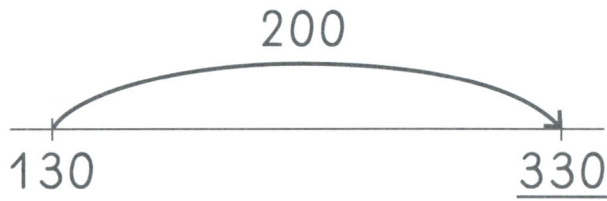

200

130   330

$$340 + 200 = \rule{2cm}{0.4pt}$$

$$185 + 300 = \rule{2cm}{0.4pt}$$

2 Rechne und setze fort.

$260 + 100 = \rule{1.5cm}{0.4pt}$ $370 + 100 = \rule{1.5cm}{0.4pt}$ $310 + 600 = \rule{1.5cm}{0.4pt}$

$260 + 200 = \rule{1.5cm}{0.4pt}$ $370 + 200 = \rule{1.5cm}{0.4pt}$ $310 + 500 = \rule{1.5cm}{0.4pt}$

$260 + 300 = \rule{1.5cm}{0.4pt}$ $370 + 300 = \rule{1.5cm}{0.4pt}$ $310 + 400 = \rule{1.5cm}{0.4pt}$

\rule{3cm}{0.4pt}   \rule{3cm}{0.4pt}   \rule{3cm}{0.4pt}

$325 + 200 = \rule{1.5cm}{0.4pt}$ $642 + 100 = \rule{1.5cm}{0.4pt}$ $274 + 700 = \rule{1.5cm}{0.4pt}$

$425 + 200 = \rule{1.5cm}{0.4pt}$ $542 + 200 = \rule{1.5cm}{0.4pt}$ $474 + 500 = \rule{1.5cm}{0.4pt}$

$525 + 200 = \rule{1.5cm}{0.4pt}$ $442 + 300 = \rule{1.5cm}{0.4pt}$ $674 + 300 = \rule{1.5cm}{0.4pt}$

\rule{3cm}{0.4pt}   \rule{3cm}{0.4pt}   \rule{3cm}{0.4pt}

1 Einfache Plusaufgaben mit Hunderterzahl als zweiten Summanden darstellen und rechnen.   **2** Schöne Päckchen mit einfachen Plusaufgaben im Zahlenraum bis 1000 berechnen und fortsetzen.

Einfache Plusaufgaben bis 1000

1 Mit Hundertern rechnen. Zeichne und rechne.

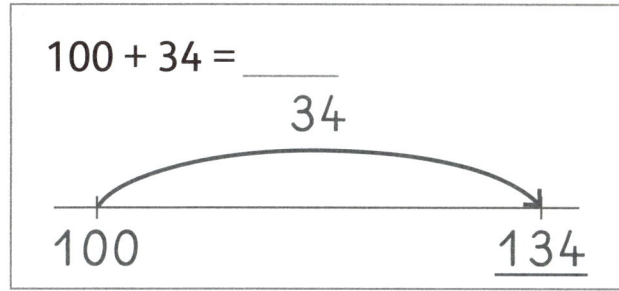

100 + 34 = _____

34

100   134

200 + 34 = _____

100 + 25 = _____

200 + 25 = _____

2 Mit Hundertern rechnen. Vergleiche und setze fort.

100 + 37 = _____   200 + 45 = _____   51 + 100 = _____

300 + 37 = _____   400 + 45 = _____   151 + 200 = _____

500 + 37 = _____   600 + 45 = _____   251 + 300 = _____

_____   _____   _____

3 Mit Zehnern rechnen. Vergleiche und setze fort.

120 + 30 = _____   240 + 20 = _____   417 + 10 = _____

121 + 30 = _____   245 + 20 = _____   417 + 30 = _____

122 + 30 = _____   250 + 20 = _____   417 + 50 = _____

_____   _____   _____

4 120 + 160 = _____   540 + 120 = _____   130 + 101 = _____

130 + 260 = _____   440 + 130 = _____   230 + 102 = _____

140 + 360 = _____   340 + 140 = _____   330 + 103 = _____

_____   _____   _____

1 Einfache Plusaufgaben mit einer Hunderterzahl darstellen und rechnen.   2–4 Einfache Plusaufgaben mit Hunderter- oder Zehnerzahlen rechnen, Zusammenhänge erkennen und fortsetzen.

91

Einfache Minusaufgaben bis 1000

1 Immer Hunderter zurück. Wie rechnest du? Zeichne und rechne.

$$360 - 200 = \underline{}$$

Anna

Erst minus 100, das sind 260. Und dann noch einmal 100 zurück.

Ich gehe sofort 200 zurück und zeichne nur einen Bogen.

Noah

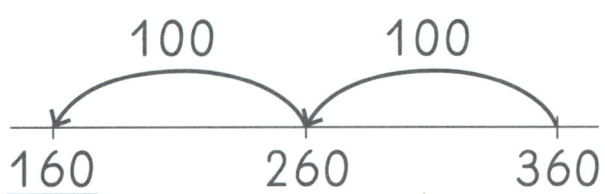

100   100

<u>160</u>   260   360

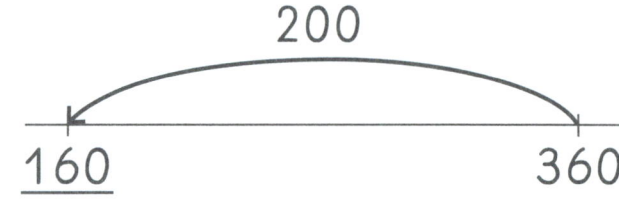

200

<u>160</u>   360

$$450 - 200 = \underline{}$$

$$635 - 300 = \underline{}$$

2 Rechne und setze fort.

$540 - 100 = \underline{}$ $460 - 100 = \underline{}$ $640 - 500 = \underline{}$

$540 - 200 = \underline{}$ $460 - 200 = \underline{}$ $640 - 400 = \underline{}$

$540 - 300 = \underline{}$ $460 - 300 = \underline{}$ $640 - 300 = \underline{}$

_____   _____   _____

$365 - 200 = \underline{}$ $472 - 300 = \underline{}$ $211 - 100 = \underline{}$

$465 - 300 = \underline{}$ $572 - 400 = \underline{}$ $411 - 300 = \underline{}$

$565 - 400 = \underline{}$ $672 - 500 = \underline{}$ $611 - 500 = \underline{}$

_____   _____   _____

1 Einfache Minusaufgaben mit Hunderterzahl als Subtrahend darstellen und rechnen. **2** Schöne Päckchen mit einfachen Minusaufgaben im Zahlenraum bis 1000 berechnen und fortsetzen.

Einfache Minusaufgaben bis 1000

1 Mit Hundertern rechnen. Zeichne und rechne.

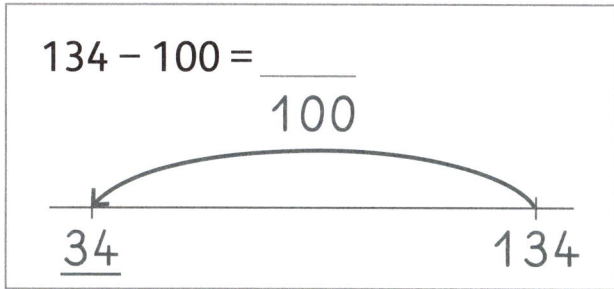

134 − 100 = _____

234 − 200 = _____

125 − 100 = _____

225 − 200 = _____

2 Mit Hundertern rechnen. Vergleiche und setze fort.

135 − 100 = _____   241 − 200 = _____   151 − 100 = _____

235 − 100 = _____   441 − 200 = _____   251 − 200 = _____

335 − 100 = _____   641 − 200 = _____   351 − 300 = _____

_____   _____   _____

3 Mit Zehnern rechnen. Vergleiche und setze fort.

160 − 50 = _____   260 − 20 = _____   483 − 70 = _____

161 − 50 = _____   265 − 20 = _____   483 − 50 = _____

162 − 50 = _____   270 − 20 = _____   483 − 30 = _____

_____   _____   _____

4 500 − 100 = _____   400 − 300 = _____   800 − 500 = _____

500 − 10 = _____   400 − 30 = _____   800 − 50 = _____

500 − 1 = _____   400 − 3 = _____   800 − 5 = _____

1 Einfache Minusaufgaben mit Hunderterzahl als Subtrahend darstellen und rechnen.   **2–4** Einfache Minusaufgaben mit Hunderter-, Zehner- oder Einerzahl als Subtrahend rechnen, Zusammenhänge erkennen und fortsetzen.

93

Einfache Malaufgaben und Nachbaraufgaben

1 Rechne zuerst die einfache Aufgabe **mit 10**.

9 · 5 = ___	9 · 4 = ___	9 · 6 = ___	9 · 8 = ___
10 · 5 = ___	10 · 4 = ___	10 · 6 = ___	10 · 8 = ___
11 · 5 = ___	11 · 4 = ___	11 · 6 = ___	11 · 8 = ___

2 Rechne Kernaufgabe und Nachbaraufgaben **mit 5**.

4 · 3 = ___	4 · 9 = ___	4 · 6 = ___	4 · 7 = ___
5 · 3 = ___	5 · 9 = ___	5 · 6 = ___	5 · 7 = ___
6 · 3 = ___	6 · 9 = ___	6 · 6 = ___	6 · 7 = ___

3 Finde die Nachbaraufgaben **mit 2**. Rechne.

___ · ___ = ___   ___ · ___ = ___

2 · 8 = ___   2 · 7 = ___

___ · ___ = ___   ___ · ___ = ___

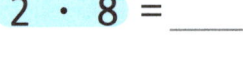

> Aus 2 mal 8 gleich 16 kann ich 3 mal 8 machen. Einfach ein Achter mehr.

Ina

___ · ___ = ___   ___ · ___ = ___   ___ · ___ = ___   ___ · ___ = ___

2 · 5 = ___   2 · 9 = ___   2 · 6 = ___   2 · 10 = ___

___ · ___ = ___   ___ · ___ = ___   ___ · ___ = ___   ___ · ___ = ___

4 Finde die Nachbaraufgaben **Quadrat**. Rechne.

___ · ___ = ___   ___ · ___ = ___   ___ · ___ = ___   ___ · ___ = ___

4 · 4 = ___   6 · 6 = ___   8 · 8 = ___   9 · 9 = ___

___ · ___ = ___   ___ · ___ = ___   ___ · ___ = ___   ___ · ___ = ___

1, 2 Die einfachen Aufgaben zum Lösen der Nachbaraufgaben nutzen.   **3, 4** Nachbaraufgaben zu einer einfachen Aufgabe finden.

Malaufgaben zerlegen

1 Zerlege und rechne mit dem Malkreuz. Vergleiche.

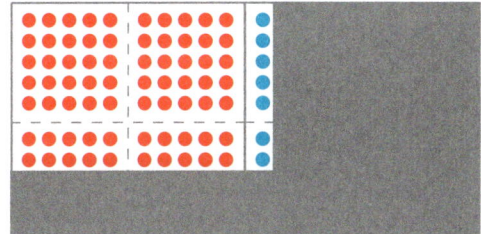

$$7 \cdot 11 = \underline{\hspace{3em}}$$
$$7 \cdot 10 = \underline{\hspace{3em}}$$
$$7 \cdot 1 = \underline{\hspace{3em}}$$

·	10	1
7		

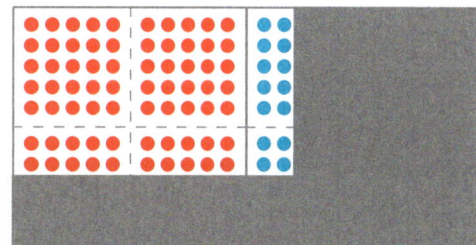

$$7 \cdot 12 = \underline{\hspace{3em}}$$
$$\cdot \underline{\hspace{2em}} = \underline{\hspace{2em}}$$
$$\cdot \underline{\hspace{2em}} = \underline{\hspace{2em}}$$

·	10	2
7		

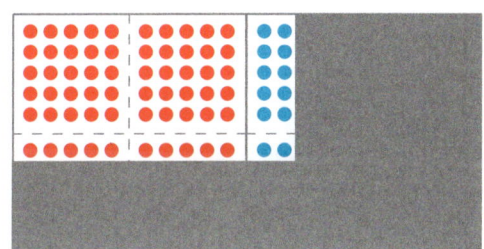

$$6 \cdot 12 = \underline{\hspace{3em}}$$
$$\cdot \underline{\hspace{2em}} = \underline{\hspace{2em}}$$
$$\cdot \underline{\hspace{2em}} = \underline{\hspace{2em}}$$

·		
6		

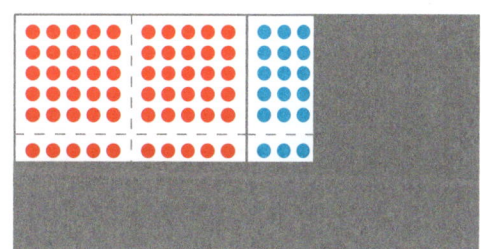

$$6 \cdot 13 = \underline{\hspace{3em}}$$
$$\cdot \underline{\hspace{2em}} = \underline{\hspace{2em}}$$
$$\cdot \underline{\hspace{2em}} = \underline{\hspace{2em}}$$

·		
6		

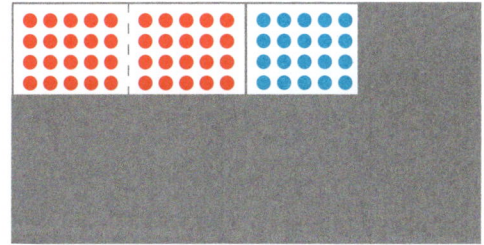

$$4 \cdot 15 = \underline{\hspace{3em}}$$
$$\cdot \underline{\hspace{2em}} = \underline{\hspace{2em}}$$
$$\cdot \underline{\hspace{2em}} = \underline{\hspace{2em}}$$

·		

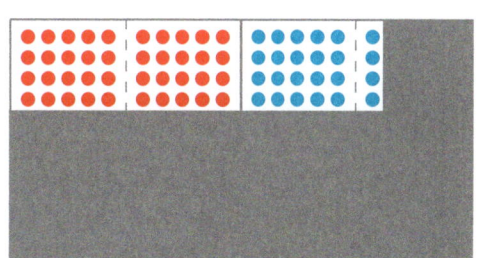

$$4 \cdot 16 = \underline{\hspace{3em}}$$
$$\cdot \underline{\hspace{2em}} = \underline{\hspace{2em}}$$
$$\cdot \underline{\hspace{2em}} = \underline{\hspace{2em}}$$

·		

1 Schwierige Malaufgaben mithilfe des Malkreuzes in bekannte Aufgaben zerlegen und berechnen.

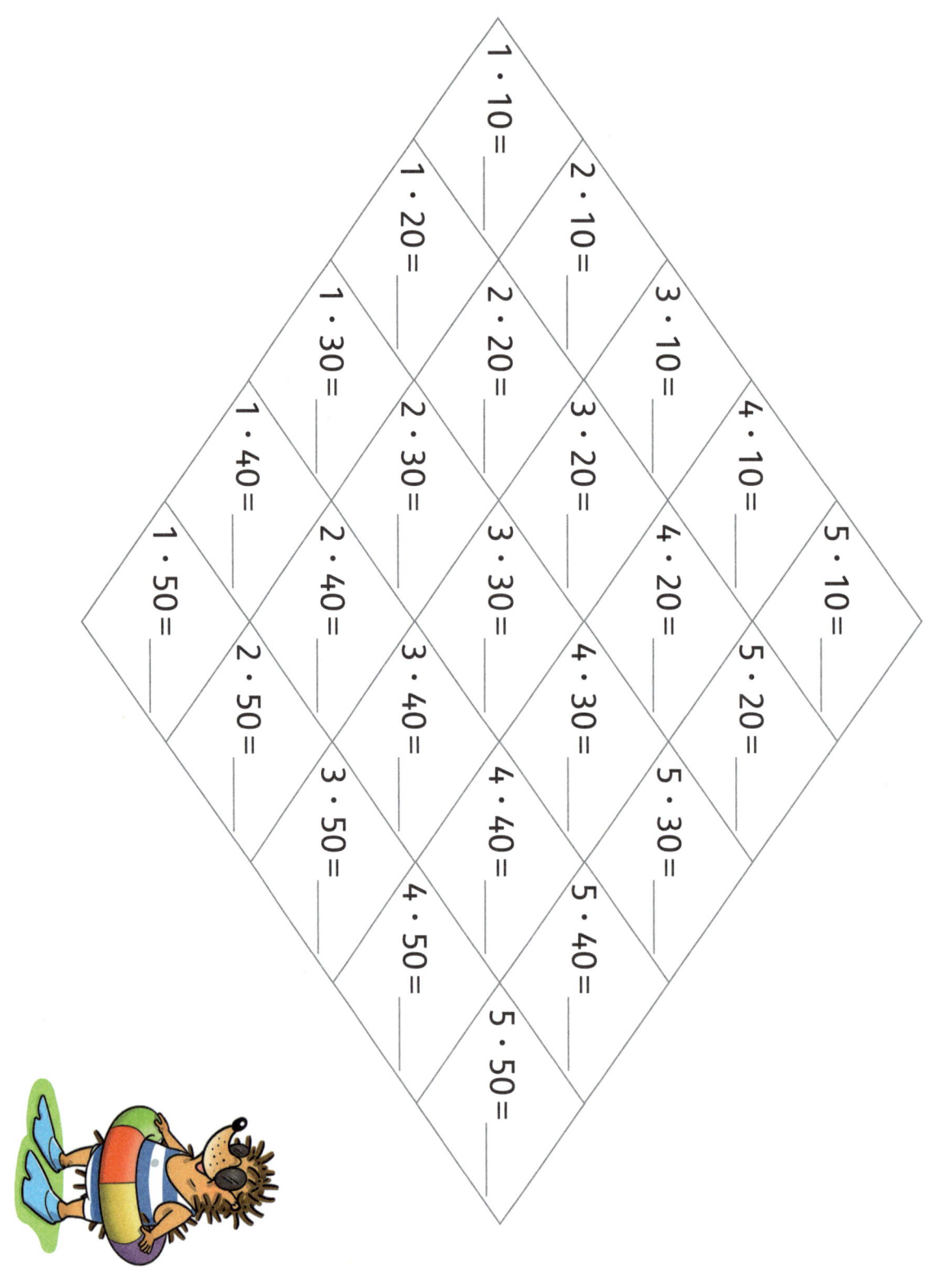

Aufgaben in der Zehnereinmaleins-Tafel lösen. Struktur der Tafel nutzen, Felder ggf. anmalen.